मास्क मैनिफेस्टो

मास्क मैनिफेस्टो

पवन विजय

ink | OCCAM

ISBN: 978-93-6547-659-0
e-ISBN: 978-93-6547-399-5

First published in India 2024
This edition published 2024

BluOne Ink Pvt. Ltd
A-76, 2nd Floor, Sector 136, Noida
Uttar Pradesh 201301
www.bluone.ink
publisher@bluone.ink

Printed and bound in India at Nutech Print Services - India

विषय सूची

भूमिका

उन्नीसवीं सदी के शुरू में जब जर्मनी के एक पुराने शहर में रहने वाले एक ईसाई दंपत्ति के घर में नौ संतानों में से तीसरे पुत्र का जन्म हुआ तो उन्होंने सोचा भी नहीं था कि यह बच्चा बड़ा होकर कुछ ऐसा कर देगा जो न केवल आने वाले समय में पूरी दुनिया को प्रभावित करेगा बल्कि एक ऐसी विघटनकारी प्रवृत्ति का झंडाबरदार बनेगा जो विश्व भर में भयंकर उथल -पुथल मचा देगी। कार्ल हेर्शेल मार्क्स का परिवार एक ऐसा यहूदी परिवार था, जिसकी अपने धार्मिक क्रियाकलापों में ज्यादा रुचि नहीं थी। अब मार्क्स कितना भी कहे कि धर्म अफ़ीम है, तर्कतः धर्म मनुष्य की नैसर्गिक ज़रूरतों में से है। जहां कहीं भी लोग धर्म का अभ्यास छोड़ते हैं, एक – दो पीढ़ी के बाद के उनकी संतानें किसी न किसी धर्म को अंगीकार कर ही लेती हैं और अक्सर वह धर्म उनके परिवारिक परम्परा का धर्म नहीं होता।

जहां मार्क्स के माता-पिता रहते थे वहाँ यहूदियों को वकालत करने की अनुमति नहीं थी और उनके लिए यहूदी होने से ज़्यादा महत्वपूर्ण वकील बनना था। अस्तु, कार्ल मार्क्स के जन्म से कुछ पहले ही उसके पिता ने भी ईसाई धर्म अपना लिया। कार्ल मार्क्स को बचपन से ही कुछ अलग होने की धुन थी, इसी लिये उसने अपने पिता का दिया हुआ नाम भी बदल डाला। यद्यपि वह स्वयं यहूदी मूल का था लेकिन जैसा उस समय यूरोप में बहुसंख्यक लोगों का विचार था, वह भी यहूदियों को बुरा ही मानता था। अपने प्रारंभिक दिनों ने इसपर विचार भी किया कि यहूदियों को समान अधिकार मिलने भी चाहिए या नहीं। उसके प्रारंभिक जीवन में लिखे हुए लेख पढ़ें तो स्पष्ट होगा कि वह हर उस बात के ख़िलाफ़ था जिस से यहूदियों की पहचान थी। वह पूंजीवाद को दुनिया का दुश्मन मानता था

और यह जानते हुए भी कि पूँजीवादी केवल यहूदी नहीं होते हैं, यहूदियों को ही इसका ज़िम्मेदार मानता था। यद्यपि बाद में ऐसा लगता है कि उसने इस सोच को छोड़ दिया था, लेकिन अगर उसके लिखे को ध्यान से पढ़ें तो इसके निशान हमेशा मिलेंगे। मार्क्स के जीवन के दो हिस्से – बचपन और सक्रिय सामाजिक जीवन- हमेशा पूँजीवाद पर ही आश्रित रहे थे। इसके बाद भी पूंजीवाद को भर-भर कर कोसने की प्रवृत्ति से ही आप समझ सकते हैं कि कथनी और करनी का अंतर वामपंथ का एक प्रमुख गुण है।

अब अगर आप यह सोच रहे हैं कि ऊपर कही हुई बातों की आज के समय में क्या प्रासंगिकता है जब मार्क्स को तह लगा कर इतिहास के बक्से में बंद कर दिया गया है और आज का वामपंथ उस से कहीं आगे निकल गया है। मेरा उत्तर है कि आज के वामपंथ के दोहरे सिद्धांतों, किसी एक वर्ग के प्रति नफ़रत, जड़ों से कटे हुए युवा वर्ग को लालच में फँसा कर अपने कबीले में शामिल कर लेना, पूँजी के प्रति दोहरे मानदंड जैसी प्रवृत्तियाँ वामपंथ के पुरोधा के जीवन में भी देखने को मिलती हैं और अगर उनको डिकोड कर लिया जाए तो वामपंथ को समझने और उसके संक्रमण से बचने में कुछ सहायता मिलेगी।

जब हम भारत के संदर्भ में वामपंथ को देखते हैं तो पाते हैं कि न केवल यह पूरी की पूरी सोच आयातित है, बल्कि इसका नाम "वामपंथ" भी आयातित है। अट्ठारहवीं शताब्दी में फ़्रांसीसी क्रांति के समय सदन में बैठने वाले सदस्यों में से बाएँ ओर बैठने वाले वामपंथी और दाईं ओर बैठने वाले दक्षिणपंथी कहलाए। जितना ओवर सिम्प्लिस्टिक यह नामकरण है, उतनी ओवर सिम्प्लिस्टिक इसकी कार्यपद्धति नहीं है।

वामपंथ एक गिरोह की तरह काम करता है जिसकी अपनी भलीभाँति बनी हुई रणनीति है। 1971 में अमेरिकी सामुदायिक कार्यकर्ता और लेखक साउल डी. एलिंस्की ने 1971 में एक किताब लिखी थी जिसका नाम "रूल्स फॉर रेडिकल्स: ए प्रैगमैटिक प्राइमर फॉर रियलिस्टिक रेडिकल्स" है। यह किताब परिवर्तन के लिए एक आंदोलन को सफलतापूर्वक चलाने के बारे में है। अनौपचारिक रूप से आज भी वामपंथी इसी पर चलते हैं। एलिंस्की ने इसमें कुछ नियम बताए, जो इस प्रकार हैं –

1. शक्ति केवल वह नहीं है जो आपके पास है बल्कि वह है जो दुश्मन सोचता है कि आपके पास है।

2. कभी भी अपने लोगों की विशेषज्ञता से बाहर न जाएं।
3. जहां भी संभव हो दुश्मन के अनुभव को जानें।
4. दुश्मन को उसके अपने नियमों का पालन करने पर मजबूर करें, उसे बताएं कि वह कितना अहिंसात्मक, सत्य बोलने वाला और किसी झंझट में नहीं पड़ने वाला व्यक्ति है।
5. उपहास मनुष्य का सबसे शक्तिशाली हथियार है। इसका कोई बचाव नहीं है। उपहास का जवाब देना लगभग असंभव है। साथ ही यह विपक्ष को क्रोधित कर देता है, जो फिर आपके लाभ के लिए प्रतिक्रिया करता है।
6. एक अच्छा तरीका वह है जिसे आपके अपने लोग पसंद करें।
7. जो तरीका बहुत लंबा चलता है वह बोझ बन जाता है।
8. दबाव बनाए रखें।
9. धमकी आमतौर पर स्वयं वस्तु से अधिक भयानक होती है।
10. रणनीति का मुख्य उद्देश्य ऐसी गतिविधियों का विकास करना है जो विपक्ष पर निरंतर दबाव बनाए रखें।
11. यदि आप किसी नकारात्मक को जोर से धक्का देते हैं तो यह उसके उल्टी तरफ़ को टूट जाएगा; यह इस सिद्धांत पर आधारित है कि हर सकारात्मक का एक नकारात्मक होता है।
12. सफल हमले की कीमत एक रचनात्मक विकल्प है।
13. लक्ष्य चुनें, उसे स्थिर करें, उसे व्यक्तिगत बनाएं, और उसे ध्रुवीकृत करें।

अगर आप भारत में पिछले दिनों होने वाले कुछ विघटनकारी आंदोलनों को ध्यान से देखें तो उनमें यह रणनीति स्पष्ट दिखाई देगी। वामपंथ की सब भुजाएँ एक दूसरे को सहारा देती हैं। एक पर हमला होते ही सब सक्रिय हो जाते हैं। यह सब प्रत्यक्ष या परोक्ष रूप से "रूल्स फॉर रेडिकल्स" को आधार बना कर काम करते हैं। आप सोचते हैं कि इनको वोट नहीं दिया, भारत भर में इनकी एक या दो ही सीट आ सकीं, लेकिन तब तक आपकी नाक के नीचे वे तत्कालीन सत्ताधारी दल का थिंक टैंक बन बैठे। यह सोचा गया कि उच्च शिक्षा में नया दृष्टिकोण जोड़ा जाएगा लेकिन पता ही नहीं चला कि कब उसके कार्यान्वन में अस्सी प्रतिशत वामपंथी घुस गये।

राष्ट्रवादी सिनेमा का चलन शुरू हुआ, जब तक आप समझते पुराने वामपंथी चोला बदल कर राष्ट्रवादी फ़िल्मों के नाम पर बड़ी बारीकी से अपना एजेंडा घुसाने लगे, उदाहरण के लिए राजी फिल्म में "आबाद वतन" का गाना गाते हुए फ़िल्मकार धीरे से फ़िल्म देखने वाले के दिमाग़ में घुसा देता है कि भारतीय शासन कपटी और युद्धप्रिय है, जबकि पाकिस्तानी सेना मानवीय गुणों से ओतप्रोत है।

उनको इस बात से कोई मतलब नही है कि शासन आपका हो या किसी और का, क्योंकि न्यायिक व्यवस्था में भी बैठे उनके लोग आपकी एक न चलने देंगे। रूल नंबर नौ के तहत विपक्ष का नेता आपको उसकी इच्छा के विरुद्ध परिणाम आने पर विनाश और फ़साद की धमकी दे देता है। अब और कुछ हो न हो, रंग में भंग तो हो ही जाता है। यहाँ रूल नंबर एक तो लगता ही है, आपको क़तई पता नहीं होता कि क्या सचमुच उसका जनाधार इतना है भी कि वह देशव्यापी दंगे करा सके? आप कश्मीर पर फ़िल्म बनाते हैं, वे उसकी तकनीक को लेकर मज़ाक़ उड़ाते हैं, कभी कहते हैं कि इस ख़ुद को राष्ट्रवादी समझने वाली अभिनेत्री ने फ़िल्म में नक़ली घोड़े पर क्यों शूटिंग की। शूटिंग के समय की फोटो डाल कर उसका मजाक उड़ाते हैं। यह रूल नंबर पाँच होता है। जब आप देखते हैं कि मतलब – बेमतलब, सही – ग़लत किसी भी बात पर लोग गोलबंद होकर लगातार नकारात्मक प्रतिक्रिया दे रहे हैं तो वे रूल नंबर आठ और ग्यारह पर काम कर रहे होते हैं। इसी तरह से बहुत से उदाहरण आप देख सकते हैं। आप कलावा पहनेंगे तो हम आपको घटिया सोच का बताएँगे, लेकिन जरूरत पड़ने पर जनेऊधारी ब्राह्मण बन जाएँगे – गिरगिट की तरह रंग बदलने की यह प्रवृत्ति एक तरह से वामपंथ की बेसिक पहचान है। अराजकता वामपंथ की पसंदीदा स्थिति है। उसके लिए वे हर उस बिंदु को छूते हैं जिस से अराजकता फैलाई जा सकती है। अमेरिका में काले, भारत में तथाकथित पिछड़े या अल्पसंख्यक, यूरोप में आप्रवासी, अफ़्रीका में मूल निवासी, पूंजीवाद में मज़दूर, – किसी की समस्या का कोई समाधान इनके पास नहीं, या ये समाधान में रुचि ही नहीं रखते। जहां समस्या न हो, वहाँ पहले समस्या की कल्पना करो फिर बीज बो दो और उसकी खेती काटो। यहीं इनका काम है। समाधान में समस्या ढूँढ लेना, किसी भी व्यवस्था की चलती गाड़ी को बांस डाल कर पलट देना इनकी प्रमुख निपुणता है।

फ़िलहाल अपने लक्ष्य की प्राप्ति के लिये उनको एक ऐसी बड़ी जनसंख्या की ज़रूरत थी जो इनकी ही तरह विश्व-विजय की इच्छा से प्रेरित हो, लक्ष्य प्राप्ति के लिये कहीं तक भी जा सकती हो, तर्क न करने को सही मानती हो। इसके लिए इन लोगों ने रैडिकल इस्लाम का सहारा लिया। इज़राइल से भारत तक आप इस प्रवृत्ति को देख सकते हैं। ख़ास बात है कि इस्लाम की छत्र-छाया में वामियों के लिये कोई स्थान नहीं है और जहां वामपंथ का शासन होता है, वहाँ इस्लाम की जगह नहीं है। फ़िलहाल ये दोनों विचारधाराएँ अपनी समझ में शेर की सवारी कर रही हैं। देखना है कि कौन पहले शेर बन कर अपने सवार को खा जाता है।

वामपंथ की ख़ास बात यह है कि इनकी चिंता के बिंदु इतने सच्चे लगते हैं कि कोई भी सहृदय व्यक्ति उस से प्रभावित हुए बिना नहीं रह सकता है। वामपंथ हमेशा वंचितों की चिंता करता हुआ दिखाई देता है लेकिन कभी समाज में जो नीचे है उसको ऊपर उठाने की बात नहीं करता अपितु जो ऊपर है, उसे नीचे गिराने की बात करता है। भारत में वामपंथ के उठते हुए सितारे और दुलारे नेता कन्हैया कुमार अपने एक संबोधन में जनता से पूछने लगे –"अगर आपके पड़ोसी के पास बड़ी कार है तो आपका मन उसको पत्थर मारने को करेगा या नहीं?" वह तो भला हो भारत की अपढ़ और भोली जनता का, भीड़ में से किसी ने भी उस युवा नेता की आवाज़ से आवाज़ नहीं मिलाई। ग़रीबी, भय, ईर्ष्या, वो सिक्के हैं जिनके बल पर वामपंथ अपने लिए सत्ता ख़रीदता है। भंजन उसका मुख्य खेल है – देश तोड़ो, समाज तोड़ो, परिवार तोड़ो, धर्म तोड़ो, नैतिक मूल्य तोड़ दो। लेकिन नया क्या बनाना है,यह मत पूछो क्योंकि यह उनके सिलेबस का हिस्सा ही नहीं है। एक क्रान्तिकारी वामपंथी नेता ने मुझसे कहा कि इस सड़ी – गली व्यवस्था को तोड़ना ही होगा। जब मैंने पूछा कि वैकल्पिक व्यवस्था क्या होगी, तो उनका जवाब था कि अभी यह सोचने का समय नहीं है। तोड़ दो फिर देखेंगे क्या करना है।

सच्चे वामपंथी को कोई फ़र्क़ नहीं पड़ता कि शासन किसका है, जब तक कि शासक उसके इशारों पर चले। इसमें कमी आते ही आंदोलनों और षड्यंत्रों का नया सिलसिला शुरू हो जाता है।

भारत में वामपंथी दलों के विरुद्ध खड़ी दिखने वाली भारत की सबसे पुरानी पार्टी वामपंथियों का सबसे बड़ा हथियार है। गिरगिट की तरह

रंग बदलने वाले वामपंथियों ने हमेशा से उस पार्टी को अपनी सीढ़ी बनाया है। लेकिन यह एक दोतरफ़ा समझौता था। इस पार्टी ने साठ से भी अधिक वर्षों के शासनकाल के दौरान सभी स्तरों पर अपने जो समर्थकों को, जो कि असल में वामपंथी थे, भर दिया है। लालच या भय से बुद्धिजीवी, शिक्षाविद् प्रशासक हर तबके में वह ही अपना अस्तित्व संभाल पाया जिसने झुकना स्वीकार किया। आजादी के बाद सबसे पुरानी पार्टी की पहल पर जेएनयू की स्थापना हुई थी। इसे उस पार्टी के 'थिंक टैंक' की तरह बनाया गया था। उद्देश्य था कि यहां से पालिसी मेकर्स निकलें और देश को नेहरूवियन विचारधारा के साथ चलाएं। स्वाभाविक रूप से कांग्रेस उस समय जन आंदोलन से निकली पार्टी थी इसलिए उसमें बौद्धिकों की कमी थी। अत: कम्युनिस्टों से समझौता करके ऐसे काम उनको सौंप दिए। दो भागों में मलाई बांट ली गई। सोच तुम संभालो, शासन हम संभालेंगे। यद्यपि उस समय भारतीय साम्यवादियों के चाल, चलन और नियत को पहचानने वाले लोग थे। बहुत से ऐसे नेता थे जो वामपंथियों के इरादे जानते थे किंतु उनकी आवाज दबा दी गई। बहुत नाम लेने लायक तो इस लेख में जगह ही नहीं हैं, किंतु दो उदाहरण मैं देना चाहूंगी। पहला नाम है भारत के पूर्व प्रधानमंत्री गुलजारी लाल नंदा का, जिन्होंने अपने भाषण में कहा था कि भारत के कम्युनिस्ट केवल अपने पते से भारतीय हैं, चरित्र, विचारों और निष्ठा से नहीं। दूसरा नाम प्रतिष्ठित समाजवादी व गांधीवादी नेता लोकनायक जयप्रकाश नारायण का है, उनके समग्र रचना संकलन 'टुवडर्स टोटल रिवोल्यूशन' (जो कि उनके जीवनकाल में ही प्रकाशित हो गया था) की प्रस्तावना में उन्होंने भारतीय कम्युनिस्ट के चेहरों पर से पर्दा उठाया हैं। परंतु दुख की बात यह है कि ये आवाजें बड़ी चतुराई से दबा दी गई। हालात ऐसे बिगड़े कि इन वामपंथियों ने भारत में ज्ञान के संपूर्ण जगत पर ही अपना कब्जा स्थापित कर लिया। सरकारी खर्चे पर ढेरों संस्थान, सोसाइटी, विभाग बनाए, जिनका काम ही इनकी विचारधारा को पोषित करना था। भारतीयता को पूर्णत: नकार देने वाले ये स्वयं स्थापित विद्वान स्वयं ही अवार्ड पुरस्कार बांटते, स्वयं ही एक दूसरे की समीक्षा करते और स्वयं ही एक दूसरे की पीठ थपथपाते। इस सबमें तत्कालीन सत्ताधारी दल की सरकारों का पूर्ण समर्थन तथा सहयोग प्राप्त था।

हालात यहां तक बिगड़ गए कि नए आने वाले बच्चे व भारतीय शिक्षित वर्ग वामपंथियों को ही ज्ञान की मुख्यधारा मानने लगा। इससे हटकर अथवा भारतीय जड़ों से जुड़ा हुआ कार्य अगर किसी को करना हो तो विदेश का रास्ता पकडऩे के अलावा कोई और चारा नहीं रहता। उसे भी बाहर भले ही मान्यता मिले, भारत में तो कोई संभावना ही नहीं थी। ऐसी स्थिति हर क्षेत्र में थी, भारतीय परम्परा से जुड़ा, चाहे वह साहित्य हो या सामाजिक विज्ञान हों, मानविकी हो, अथवा कला या सिनेमा/थिएटर वाला क्षेत्र हो, धीरे-धीरे विश्व स्तर पर भारत पिछड़ता चला गया। सत्यजीत रे के बाद कोई अंतरराष्ट्रीय स्तर का सिनेमाकार नहीं हुआ। रवीन्द्रनाथ टैगोर के बाद कोई नोबेल न पा सका। कुछ अपवादों को छोड़ दें तो विश्व स्तर पर हमारा बौद्धिक समाज विदूषकों का समूह बनकर रह गया लेकिन वामपंथी एक के बाद एक पुरस्कारों से विभूषित होते रहे।

जेएनयू अधिकांशतः ऐसे लोगों की फैक्टरी है जो देश की सांस्कृतिक विचारधारा के उलट मार्क्स की विचारधारा में विश्वास रखते हैं, इसका विधान भी इस प्रकार बना है कि अगर कभी कोई विपरीत सरकार आ जाए तो आसानी से इसको हिला नहीं सकती। पुलिस भी ऐसे परिसर के अंदर जाने में सौ बार सोचती है। वैसे तो सभी सरकारी विश्वविद्यालयों में शुल्क बहुत कम होता है, लेकिन जेएनयू की तो बात ही अलग है। वहां न केवल शिक्षा शुल्क अपितु रहना खाना भी लगभग मुफ्त है। इस तरह वहां सरकारी पैसे पर वामपंथ का कैडर खड़ा किया जाने लगा। गरीब, दूरदराज का मेधावी किंतु दुनिया से अनजान छात्र जब वहां पहुंचता है तो एक प्रकार के मायाजाल में फंस जाता हैं। जैसा कि पूर्व प्रधानमंत्री गुलजारी लाल नंदा कहते थे कि उनकी निष्ठा कभी भी भारत के साथ नहीं थी, नतीजतन समय के साथ जेएनयू भारत विरोधी गतिविधियों का अड्डा बन गया है। इस जैसे सरकारी पैसों पर पलने वाले और भी संस्थान हैं, और जब जेएनयू की बात होती होती है तो उन सबकी भी होती है। अभिव्यक्ति की स्वतंत्रता की बातें करने वाले भारत और भारतवासियों के अस्तित्व को चुनौती देते हैं। दंतेवाड़ा में शहीद हुए जवानों की मौत का जश्न मनाने और न्यायालय द्वारा सजायाफ्ता देशद्रोह के अपराधियों को समर्थन देना उसी संस्कृति का हिस्सा है। इनको किसी भी तरह से रोकना इसलिए भी मुश्किल हो जाता है कि इसका पूरा तंत्र बना हुआ है जो

दशकों से लम्बे समय तक शासन करने वाली पार्टी के पैसों और सरकारी वित्तीय सहायता पर फलफूल रहा है। भारत में एक तंत्र समाज में हर स्तर पर कार्यरत है और निरंतर निहित स्वार्थों के लिए देश में टकराव की स्थिति पैदा कर रहा हैं जिससे किसी भी प्रकार से चुनी सरकार को ध्वस्त कर सकें। बहुमत की सरकार असफल करने की कोशिश में निरंतर देश को असफल करते जा रहें हैं।

वामपंथी आक्टोपस की सबसे मजबूत और खतरनाक भुजा हैं, मीडिया! मीडिया को भ्रम है कि वह सरकारें बनाने और गिराने में सक्षम है। पिछले कुछ दिनों मीडिया का जो रूप दिखाई दिया हैं, उसमें यह तो स्पष्ट है कि लोकतंत्र का यह चौथा स्तम्भ ढहने के कगार पर है और शेष तीन स्तम्भों पर ही लोकतंत्र को संभालने की पूरी जिम्मेदारी है। यह स्पष्ट है कि हरेक मीडिया हाउस किसी न किसी ग्रुप में हैं और एक से एक वरिष्ठ और काबिल पत्रकार बेशर्मी से अपना खेमा चुनकर उसका प्रचार-प्रसार कर रहें हैं। निष्पक्षता और न्याय शब्द शायद उनके शब्दकोष से निकल ही चुके हैं। श्रीमती इंदिरा गांधी ने आपातकाल के संदर्भ में एक बात सच ही कही थी – "मैंने तो पत्रकारों को झुकने के लिए कहा था, रेंगने तो वे ख़ुद ही लगे"। हम सभी यह जानते हैं कि 2014 तक भारत में अटल बिहारी वाजपेयी की सरकार के अतिरिक्त, जो पूर्ण बहुमत के अभाव में निरंतर बाधित होती रही, कोई भी गैर कांग्रेसी सरकार बनकर अपना कार्यकाल पूरा नहीं कर सकी है। हमेशा से ही कांग्रेस किसी वजह से सत्ता से बाहर हुई भी तो सरकार पर उसका प्रत्यक्ष या परोक्ष नियंत्रण रहा है। चाहे वह चरण सिंह की, चंद्रशेखर की, मोरारजी की या विश्वनाथ प्रताप सिंह की सरकार हो, सभी कमोबेश कांग्रेस की पैदाइश थीं। परिणामत: प्रशासन और नीतियां कांग्रेस से दूर नहीं हुई। अटल बिहारी वाजपेयी की सरकार कांग्रेसी संस्कृति से उपजी सरकार तो नहीं थी लेकिन पूर्ण बहुमत के लिए जिन दलों पर निर्भर थी, उनकी जड़ें कांग्रेस में थीं। पहली बार इसके विपरीत सरकार बनी जिसको वे दुनिया भर में फैले अपने तंत्र की सहायता से इस तरह शर्मिंदा करते हैं कि अनजाने ही वह बार – बार वामपंथी नैरेटिव में फँस कर आधा तीतर आधा बटेर वाला व्यवहार करने लगती है।

वामपंथ एक सोच है, जो राजनैतिक आन्दोलन की तरह उठी और अपने मूलस्थान में कभी भी सफल नहीं हुई। एक राजनैतिक आन्दोलन के

रूप में यह रुस में मृतप्राय है, चीन में मौलिक नहीं है क्योंकि चीन अब पूँजीवादी व्यवस्था के अन्तर्गत फलफूल रहा है। आज चीन में दुनिया के सबसे ज़्यादा खरबपति है। लैटिन अमेरिका, यूरोप के कुछ देशों में वामपंथी दलों की सरकारें हैं। ऐसा सांस्कृतिक मार्क्सवाद के कारण है जिसकी चर्चा पुस्तक में की गयी है।

कुछ लोग समझते हैं कि पूँजी के हावी होने के कारण दुनिया से वामपंथ ख़त्म हो गया है, नहीं! यह संभव नहीं है। वामपंथ एक लाइलाज वायरस है, जैसा कि इस पुस्तक के एक अध्याय में लिखा है कि यह एक पैंडेमिक की तरह है, यह म्यूटेंट हो सकता है, लेकिन ख़त्म नहीं होता। कभी कहीं कमजोर हो सकता है लेकिन उसी समय कहीं और मज़बूत हो सकता है। मास्क मैनिफेस्टो में डॉ. पवन विजय ने वामपंथ के एक – एक पक्ष पर सटीक टिप्पणी की है। मार्क्सवाद का सटीक अर्थ मास्कवाद में निहित है, पुस्तक का शीर्षक वामपंथ की पूरी कहानी कह देता है। सामाजिक न्याय, समानता, समरसता, दया का मुखौटा पहने वामपंथ संसार की सबसे क्रूर संस्था है।

डॉ. चित्रा अवस्थी

समाजशास्त्री एवं अध्यक्ष, ऋत फाउंडेशन

प्राक्कथन

एक समय मार्क्सवाद को प्रगतिशीलता का पर्याय माना जाने लगा था। तथाकथित बुद्धिजीवी होने के सर्टिफिकेट मिलने की शर्त थी कि वह स्वयं के चरित्र को वामपंथी लहजे में प्रस्तुत करे। इस तरह वामपंथ एक फैशन बन गया जबकि सत्यता यह थी कि अपने खूनी क्रांति के एजेंडे को छुपाने के लिए प्रगतिशीलता का मास्क पहनना वामपंथियों की एक रणनीति थी। जब मार्क्सवाद अपने उद्देश्यों को प्राप्त करने में असफल रहा तो इसकी असफलता की परिभाषा 'निरंतर संघर्ष' जैसे शब्दों से बदल दी गयी लेकिन समय बीतने के साथ धीरे–धीरे वामपंथ के पाखंड सामने आने लगे।

पूंजीवाद से लड़ने का अभिनय करते हुए अथाह पूँजी इकट्ठा करना, साम्राज्यवाद से लड़ने का नाटक करते हुए संस्थाओं का साम्राज्य खड़ा कर लेना, मानवता और दबे कुचले के समर्थक होने की बात करते हुए क्रूरता की पराकाष्ठा पार कर लेना वामपंथियों की योजना का अंग था। नैतिक मुखौटे के पीछे की अनैतिकता को छुपाये वामपंथी दीमक की तरह जिस देश में रहे उसी को चाटते रहे, छद्म दर्शन, एजेंडा वाले पाठ्यक्रम, असत्य स्थापनाएं और विपुल कारुणिक साहित्य व फिल्मों के माध्यम से अपने अभियान को गति देते रहे। पूँजी के विरोध से काम नहीं बना तो संस्कृति का विरोध करने लगे, पैसे और भौतिक वस्तुओं की जगह जाति-प्रजाति को आधार बनाकर समाज को बांटने का काम करने लगे। जिसे दुनिया में मार्क्सवाद के नाम से जाना गया वास्तव में वह मास्कवाद, तथा कम्युनिस्ट मैनिफेस्टो मास्क मैनिफेस्टो था। शिक्षक, कलाकार, खिलाड़ी, नेता, समाज सुधारक, साहित्यकार, मीडियाकर्मी जैसे तमाम मास्क के पीछे क्रूर मार्क्सवादी चेहरे को अनावृत करना इस पुस्तक का उद्देश्य है।

इच्छाधारी वामपंथियों को वैश्विक और भारतीय स्तर पर पहचानना बहुत मुश्किल हो जाता है। सामजिक कार्यकर्ता का मुखौटा लगाए इन लोगों को देखकर परोपकारी व्यक्तियों से इनका भेद आसान नहीं होता है। पुस्तक लिखने का लक्ष्य वामपंथियों के सारे मुखौटे नोच कर उनकी असली पहचान उजागर करना है। मार्क्सवाद की स्थापना से लेकर कालक्रम के दौरान वामपंथ से जुड़े शब्दों की अवधारणा और उदाहरण पाठकों के समक्ष पुस्तक में रखा गया है। सबवर्जन यानी वामपंथ में रूपांतरित होने के तौर तरीकों पर चर्चा की गयी है।

पुस्तक में मार्क्सवाद की चर्चा वैश्विक और भारतीय दोनों संदर्भ में की गयी है। पुस्तक का उत्तरार्ध पूरी तरह से भारतीय परिप्रेक्ष्य में वामपंथी साजिशों को उघाड़ता है। भारत के संदर्भ में मार्क्सवाद का विश्लेषण करना अत्यधिक आवश्यक है। विश्लेषण के उद्देश्यों में उन बातों को सामने ले आना है जिसका प्रयोग समकालीन भारत और विश्व में मार्क्सवाद को नए रूप के साथ स्थापित करने में हो रहा है। इस क्रम में सांस्कृतिक मार्क्सवाद का उद्गम, विस्तार समेत वामपंथ से जुड़ी महत्वपूर्ण शब्दावलियों की चर्चा पुस्तक में प्रस्तावित है।

वामपंथ विश्वयुद्ध से ज्यादा हत्याएं कैसे करता है, पुस्तक में किये गये विश्लेषण के दौरान हम समझ सकेंगे। इस पुस्तक में उन मुद्दों पर भी चर्चा की गयी है जिसके द्वारा हम जानेंगे कि कैसे भारत के अधिकांश राजनीतिक दल वामपंथ के अनुगामी हो चले हैं, कैसे उसके क्रिया-कलाप और उद्देश्य सांस्कृतिक मार्क्सवादी सिद्धांतों के अनुरूप हैं। पुस्तक के माध्यम से दशक भर पहले हुए एक जनांदोलन के रास्ते सत्ता में आये दल के चरित्र को समझने में सहायता मिलेगी जो पूंजीवादी सत्ता के विरुद्ध, आम आदमी के साथ में खड़े होने का दावा करता था लेकिन एक दशक बीतते बीतते पूरी तरह से पूंजीवादी मार्क्सवाद का हार्डकोर टूल बन गया।

भारत के चरित्र, संस्कृति और आत्मा को बदलने का प्रयास विशेष रूप से हिंदुत्व को तोड़ने के लिए वामपंथी शक्तियों द्वारा की जाने वाली साजिशों का विश्लेषण पुस्तक का मुख्य उद्देश्य है। मीडिया से लेकर अकादमिक जगत और फिल्म उद्योग किस तरह से वामपंथ के वाहक रहे, इसका भी अध्ययन चर्चा के दौरान किया गया है। पूँजीवाद और साम्यवाद के बीच में पिसते विश्व के पास क्या विकल्प है, इसकी चर्चा के साथ लेखक ने अपनी बात का समापन किया है।

1

क्या है मार्क्सवाद

कार्ल मार्क्स ने भविष्यवाणी की थी कि दुनिया के सारे मजदूर एक होकर वर्ग संघर्ष के जरिये पूंजीवाद को खूनी क्रान्ति द्वारा उखाड़ फेंकेंगे। मार्क्स द्वारा दिए गए इस वर्ग संघर्ष के विचार में दो किस्म के वर्ग हैं, पहला वर्ग वह है जिसका आर्थिक साधनों पर अधिकार है अर्थात पूंजीवादी वर्ग और दूसरा वह, जो मजदूर है यानी सर्वहारा वर्ग। मार्क्स वर्गों का आधार केवल आर्थिक नियन्त्रण मानता है। वह कहता है कि आर्थिक संरचना बदलने से सामजिक संरचना बदल जायेगी। वर्ग चेतना के माध्यम से वर्ग संघर्ष का सिद्धांत सर्वहारा वर्ग को जाग्रत करेगा और वे विद्रोह करेंगे तथा पूंजी के साथ सत्ता का भी निर्मूलन कर अधिनायकवादी सरकार की स्थापना कर देंगे।

अधिनायकवादी सरकार की स्थापना मार्क्सवादियों का लक्ष्य बन गया। मार्क्सवाद के सहारे देश/समाज के आन्तरिक असंतोष को चरम बिंदु तक पहुंचाकर सत्ता पर काबिज होना एकमात्र लक्ष्य निर्धारित किया गया। संक्षेप में मार्क्सवाद को तीन मुख्य बिन्दुओं में समाहित किया जा सकता है।

1. यह दुनिया को उत्पीड़क और उत्पीड़न जैसे शब्दों के आधार पर दो भागों में विभाजित करता है
2. यह तीन 'आर' का पूरी ताकत से पालन करता है रिवॉल्यूशन, रिजेक्ट और रेजिस्टेंस यानी क्रान्ति, अस्वीकृति और विरोध।
3. मार्क्स के अनुसार क्रांति केवल अर्थव्यवस्था में परिवर्तन के आधार पर ही लाई जा सकती है।

रक्तरंजित क्रान्ति के रास्ते में जो भी आया उसे ख़त्म करने का आह्वान मार्क्स ने किया जिस क्रम में पुरानी व्यवस्थाएं निर्ममतापूर्वक नष्ट की जाने लगीं। दरअसल मार्क्सवाद समाज के दबे कुचले लोगों के कंधे पर बन्दूक रखकर एक वर्ग द्वारा अपनी कुंठा और स्वार्थ को साधने का प्रमुख माध्यम था जिससे सर्वहारा को मुखौटा बनाकर एक समांतर सत्ता स्थापित की जा सके। यह वर्ग कोई और नहीं बल्कि पूंजीवाद के विरोध के नाम पर पूँजी इकट्ठा करने वाले लोगों का एक समूह था जो तात्कालिक मुख्य सत्ता से सामूहिक सौदेबाजी कर, या उसे सत्ता से च्युत करके वर्ग विहीन समाज के नाम पर कुछ लोगों के हाथ में शक्ति को केन्द्रित कर रहा था।

क्रांतियां बलिदान मांगती हैं किन्तु बहुत बार क्रांति का आह्वान करने वाले अपने निजी हितों के चलते जनता की बलि लेकर स्वयं को 'सेफ साइड' कर लेते हैं। मार्क्स जिन सिद्धांतों को अपने लेखन और विचारों में बहुत ताकत के साथ उद्धृत करता था, उनका पूरी ईमानदारी के साथ उसने कभी पालन नहीं किया। इसका कारण यह था कि मार्क्सवाद कोई व्यावहारिक सिद्धांत था ही नहीं, इस सिद्धांत के मूल में अशांति की निरंतरता थी। कोई भी समाज आपातकालीन समय में अस्थिरता को स्वीकार करता है लेकिन एक समय बाद वह स्थिर और शांत होना चाहता है। मार्क्स ने अपने विचारों को सही साबित करने के लिए इतिहास में घटित सभी घटनाओं को मार्क्सवादी पद्धति में उदाहरण के रूप में प्रस्तुत किया। मार्क्स को वैज्ञानिक समाजवाद का प्रणेता कहा गया पर सवाल यह है कि उसके सिद्धांतों में कार्य-कारण सम्बन्ध कहाँ पर है ? वैज्ञानिक पद्धति के प्रयोग के बिना केवल अपनी परिकल्पनाओं को मनमर्जी से सिद्ध करने को यदि वैज्ञानिक चिंतन कहा जाय तो लाल बुझक्कड़ सबसे बड़ा वैज्ञानिक चिन्तक कहा जाएगा जिसने हाथी के पैरों की पहचान अपनी काल्पनिक बुद्धि में चक्की के पाट लगाकर हिरन कूदने की घटना बताई थी।

मार्क्स का एक उद्देश्य वर्ग विहीन समाज बनाना था जो विज्ञान के नियमों का स्वाभाविक उल्लंघन था। परिवार से लेकर सौरमंडल के अपने वर्ग हैं, सभी को एक निश्चित दायरे में रहना होता है। एक सीमा, एक लाइन खींचनी होती है और उसके आधार पर पहचान बनती है, मार्क्स वह पहचान और उस लाइन को नष्ट करना चाहता था। कहने को तो वह लाइन को नष्ट इसलिए करना चाहता था ताकि समाज में समानता लायी जा सके

पर इस बहाने वह सत्ता का स्वयं के विचारों में केन्द्रीकरण और लोगों को उनकी पहचान से वंचित करना चाहता था।

ऊपर वर्णित तीन वाक्यों के आधार पर महाग्रंथ रचे गए, दर्शन की नयी-नयी व्याख्याएं बनायीं गयीं और वैज्ञानिक समाजवाद के अंतर्गत मानविकी की तमाम मार्क्सवादी शाखाएं विकसित की गयीं जिसे पाठ्यक्रम का हिस्सा बनाकर एक निहायत ही सतही विचार को अतिरंजित बनाया गया। मार्क्स अपनी अनैतिक नैतिकता को समाज पर आदर्श के नाम पर लागू करना चाहता था जो बाद में सत्ता परिवर्तन और सत्ता को बनाये रखने वाली शक्तियों का प्रमुख उपकरण बन गया।

2

मार्क्सवाद के विरोधाभास

संसार में दुःख सुख दोनों हैं, मनुष्य में दुःख सुख दोनों हैं। ये दोनों स्थितियां साथ-साथ चलती हैं। कहीं जन्म है कहीं मरण, कहीं मिलन तो कहीं विदाई है। मार्क्स ने दोनों स्थितियों को एक दूसरे के सामने खड़ा कर एक ऐसा प्रश्न उठाया जिसका कोई उत्तर समय के पास भी नहीं है क्योंकि यह एक चक्रीय और मानसिक अवस्था है, गर्मी के बाद बारिश, सर्दी सबका एक चक्र है। गर्मी है तो बारिश है, बारिश है तो सर्दी है, कहीं महासागर तो कहीं पहाड़ स्थित हैं इनका आपस में विरोध नहीं समन्वय है जहाँ पर एक के होने से ही दूसरी स्थिति की संभावना बनती है। प्रकृति में स्थित संतुलन का नियम समाज पर लागू होता है जिसके कारण समाज की व्यवस्था बनी रहती है लेकिन मार्क्स ने संतुलन की बजाय विघटन के सहारे अपने सिद्धांत गढ़े जो घोर विरोधाभासी थे।

मार्क्स विरोधात्मक एकता की बात तो करता है पर उसकी व्याख्या पद्धति निहायत ही असंगत है। पेड़ से इतर फूल, पत्ते, शाख और जड़ों में अलग अलग पहचान को लेकर संकट खड़ा करना मार्क्सवाद का उद्देश्य था जबकि उनका अलग अलग कोई अस्तित्व ही नहीं है। मार्क्सवाद इसी तरह समाज में अलग अलग अस्तित्व देखता है और उन्हें एक दूसरे के सामने शत्रु भाव के साथ खड़ा करने की कोशिश करता है।

मार्क्सवादी सिद्धांत अन्य विचारकों के विचारों की कॉपी करके रचे गए थे इसलिए उनमें कोई तारतम्यता नहीं थी। हीगल ने द्वंदवाद का सिद्धांत दिया जबकि फ्यूरबैक भौतिकवादी सिद्धांत का प्रणेता था, दोनों को अपनी मनमर्जी से एक कर मार्क्स ने द्वंद्वात्मक भौतिकवादी व्याख्या दी

जिसमें हीगल के विचारों को उलटा कर दिया और उसे भौतिक वस्तु बना दिया।[1] अगर हम भौतिक संसाधनों यानी अर्थ की बात करें तो अर्थ के महत्व को कौन नहीं जानता? कौन नहीं जानता कि धन अहंकार और मद को कितना अधिक बढ़ा देता है। न्याय और संतुलन की अवधारणा ही इसलिए प्रत्येक समाज में आदिकाल से रही है ताकि कोई बड़ा किसी छोटे का शोषण न कर सके। सभी अपनी यथा योग्य क्षमता के अनुसार काम करें और जीवन निर्वाह करें पर मार्क्स को समानता का आधारभूत तत्व ही नहीं पता था। उसे अपनी निजी कुंठा और निजी विचारों को पूरे समाज पर लादना था और एक समांतर सत्ता स्थापित करनी थी। मार्क्स और उसके परिवार का खर्चा उठाने वाला एक उद्योगपति ही था जिसका नाम एंगेल्स था। यह वही एंगेल्स है जिसने मार्क्स के साथ मिलकर कम्युनिस्ट मैनिफेस्टो तैयार किया। एंगेल्स की एक फैक्ट्री थी जिसमें मजदूर काम करते थे, मार्क्सवाद के अनुसार तो एंगेल्स को मारकर फैक्ट्री पर मजदूरों का शासन हो जाना था पर ऐसा न हो पाया क्योंकि उसी फैक्ट्री के मजदूरों के शोषण से इन दोनों लोगों को पैसे मिलते थे। इस दृष्टिकोण से देखा जाय तो मार्क्सवाद एक तरीके से उद्योपतियों के ही टूल के रूप में सामने आता है जिसे वे अपने प्रतिद्वंदी के उद्योग को नष्ट करने में प्रयोग करते हैं।

मार्क्सवाद अपनी यात्रा साम्राज्यवाद के विरोध में शुरू करता है और आर्थिक नियतिवाद, ऐतिहासिक भौतिकवाद, समाज के वर्ग विभाजन और वर्ग संघर्ष के सिद्धांत से होते हुए समाजवादी क्रांति के लेनिनवादी सिद्धांत और साम्राज्यवाद का सिद्धांत तत्पश्चात सांस्कृतिक मार्क्सवाद तक पहुँचता है। यहाँ तक पहुँचते पहुँचते मार्क्सवाद के तत्व एक दूसरे के परस्पर विरोधी हो जाते हैं। यह विरोधाभास मार्क्स की वैचारिकी का अवश्यम्भावी परिणाम था जिसका सूत्रधार कोई और नहीं मार्क्स ही था, यही विरोधाभास वामपंथ की पहचान है, वामपंथी सुबह जिसके गीत गाएगा शाम को उसकी बुराई करेगा। मार्क्सवाद में विरोधाभास की प्रबलता पर गौर करिए कि साम्राज्यवाद हटाते हटाते मार्क्स स्वयं साम्राज्यवादी हो जाने को न्यायोचित ठहराने लगता है।

3

मार्क्सवाद आकर्षक क्यों लगता है

मार्क्सवादी तर्क की बात करते हुए प्रतीत होते हैं। वे कहते हैं कि चूँकि यह सिद्धांत तर्क पर आधारित है अतः एकमात्र यही सिद्धांत आपको स्वतंत्रता देता है, दबे कुचले स्वरों को अभिव्यक्ति देता है। यह दबे कुचले लोग कौन हैं? यह श्रमिक हैं समाज के हाशिये पर खड़े लोग हैं जिनकी आवाज शिखर तक नहीं पहुँच पाती, जिनके कोई अधिकार नहीं हैं जो अवसरों से वंचित हैं। उनके तथाकथित स्वतंत्रता और शोषण से मुक्ति की वकालत मार्क्सवाद करता है। यह सब पढने में कितना अच्छा लगता है लेकिन यथार्थ अत्यंत कड़वा और अमानुषिक है। दरअसल मार्क्सवाद कमजोरों के शोषण का एक प्रमुख टूल बनकर सामने आया है। कमजोर होने का मुखौटा लगाकर कुछ भी करने की स्वतंत्रता कोई स्वतंत्रता नहीं है बल्कि मुखौटे के सहारे अपनी पहचान छिपा कर निहित स्वार्थों को पूरा करने का एक उपक्रम मात्र है।

मार्क्सवाद में मनमानी करने की काल्पनिक छूट एक सेंसेशन पैदा करती है, यह विचारधारा परम्परा से विचलन को आकर्षक रूप देती है उसे तर्कयुक्त बनाती है। नैतिक से अनैतिक होने की तीव्र उत्तेजना उत्पन्न करती है। हारमोनल चेंज से गुजरते युवाओं को अवज्ञा की तरफ खींचती है। साम्यवादी यूटोपिया निर्मित करते नारों ने आम तौर पर लोगों को बहुत आकर्षित किया। एक स्वार्गिक समाज की बात को गीतों, कविताओं, भाषणों, विमर्शों में बार बार दोहराया गया, वर्ग विहीन समाज को अफीम की तरह युवाओं को चटाया गया जिससे प्रेरित हो लाखों लोगों ने साम्यवाद के नाम पर लड़ाई लड़ी। मार्क्सवाद में हिंसा को जायज कर उसमे फ्रायडियनवाद के साथ अच्छी तरह से मिश्रित कर दिया गया। एक ऐसा

सब्जबाग रखा गया जिसमें सब कुछ अच्छा होने की बात कही गयी, लक्ष्य को पाने के लिए कोई विशेष श्रम, ज्ञान, तकनीक की जरूरत नही थी, बस क्रान्ति के जरिये वह मिल सकता था।

क्रान्ति के रोमांटिसिज्म के सहारे मार्क्सवाद चरित्र की कमियों और असफलताओं से उत्पन्न कुंठा के शमन का साधन बन गया था। 'हम लड़ेंगे साथी उदास मौसम से' जैसी पंक्तियाँ एक अलग किस्म का रोमांटिसिज्म रचती हैं। उदासी के गीत, उसका साहित्य लोगों को कनेक्ट करता है। वामपंथियों द्वारा उसे टूल बनाकर एक बड़े स्तर पर मॉस मोबलाइजेशन किया गया जो बाद में फैशन में आ गया और युवा पीढ़ी जुड़ती गयी। मार्क्सवाद होशियार लोगों द्वारा अंध अनुयायी बनाने का साधन था इसलिए बहुत बड़ी संख्या में सत्ता की चाहत रखने वाले व्यक्तियों को भी वामपंथ ने एक प्लेटफार्म उपलब्ध करा दिया जहाँ उनकी मरीचिका पूरी होती दिख रही थी।

4

एक नया मजहब

अराजक, असामाजिक लोग मार्क्सवाद को आकर्षक बना कर उसके नाम पर समाज में लूटपाट शोषण को वैधानिक दर्जा देते गए। मानव समाज के लक्ष्य के रूप में साम्यवाद का मार्क्सवादी विचार उसी तरह की मानवीय आशा जगाता है जैसी एक समय में ईसाई और मुस्लिम धर्मों ने जगाई। ऐसी आशाओं से प्रेरित होकर लाखों लोगों ने हत्याएं की हैं, मजहब के नाम पर विश्व को रौंदने को जायज ठहराया। फ्रांसीसी दार्शनिक वाल्टेयर ने कट्टरता पर अपने निबंध में लिखा, "आप उस आदमी को कैसे जवाब दे सकते हैं जो आपको बताता है कि वह मनुष्यों की तुलना में भगवान का पालन करना पसंद करेगा, और इसलिए आपका गला काटने से उसका स्वर्ग का हकदार होना निश्चित है।"[2] मार्क्सवाद धर्म को अफीम बताते बताते स्वयं अफीम में तब्दील हो चुका था। मार्क्सवादी अफीम में धुत वामपंथी हंसिया हथौड़ा लेकर दुनिया में खूनी क्रांति करने निकल पड़े। क्रान्ति को उसी अर्थ में लिया गया जिस अर्थ में कयामत का प्रयोग अन्य मजहबों में किया गया है। कयामत के बाद स्वर्ग की कल्पना के समान्तर क्रान्ति के बाद वर्ग विहीन समाज को प्राप्त करने का कल्पनालोक रचा गया। साम्यवादियों के लिए कार्ल मार्क्स उनका ईश्वर बन चुका था और कम्युनिस्ट मैनिफेस्टो उनका पवित्र धार्मिक ग्रन्थ माना जाने लगा जिसका हर्फ़ हर्फ़ पालन अनिवार्य कर दिया गया। मार्क्स और मैनिफेस्टो की अवहेलना पर वैसे ही दंड का प्रावधान किया गया जैसे किसी धर्म ग्रन्थ और उसके ईश्वर की अवहेलना पर मिलता था।

तौहीद यानी जिसे एकेश्वरवाद माना जाता है उसे वामपंथ में अधिनायकवाद कहते हैं। इस विचार के अनुसार मार्क्स के अलावा कोई और देव नहीं, मार्क्सवाद के अलावा जीने का कोई और रास्ता नही है। जो भी रास्ते पहले से बने हुए हैं या वर्तमान में बने हैं वे सभी गलत है। दरअसल जिस रूप में एकेश्वरवाद पढ़ाया जाता है उसका अर्थ बिलकुल अलग है। भारतीय दर्शन में एकेश्वरवाद कहता है हमारे रास्ते अलग अलग हो सकते हैं लेकिन सभी रास्ते ईश्वर तक जाते हैं। ईश्वर जड़ चेतन में व्याप्त है, किसी एक तरीके का अनुसरण कर उस तक पहुंचा जा सकता है। जाकी रही भावना जैसी/प्रभु मूरत देखी तिन्ह तैसी का अर्थ है सभी देख तो भगवान को ही रहे हैं लेकिन उनके देखने का ढंग भाव अलग है इसलिए उन्हें ईश्वर अलग अलग दिखाई दे रहा है। जबकि हिंदुत्व के अतिरिक्त अन्य दर्शन के विद्वान् प्रायः अपनी तकरीरों में बताते हैं कि केवल उन्ही का रास्ता ईश्वर तक जाता है, दूसरे भाव या रास्ते वाले व्यक्ति पापी हैं जिनका वध करना सबाब यानी स्वर्ग देने वाला है। यदि तौहीद का अर्थ एक ईश्वर की परम सत्ता को मानना होता तो वह राम, गॉड, अल्लाह, मूसा में भेद नहीं करते और सभी मनुष्यों में सद्भाव होता। दीन से अलग रास्ते पर चलने वालों के खिलाफ जिहाद करने का प्रावधान है। वामपंथ इसी मजहबी पैटर्न पर तौहीद गढ़ता है और अधिनायकवाद के रास्ते पर चल कर वर्ग विहीन समाज को प्राप्त करने की दिशा में काम करने वालों को ही सही मानता है इसलिए बाकियों को वह खूनी क्रान्ति के जरिए ख़त्म करने का आदेश देता है।

घोषित हत्याओं और उत्पीड़न के खिलाफ रक्तरंजित बदला लेना एक शक्तिशाली मकसद था। एक बार हत्या शुरू हो गई तो किसने, कितनों को और कब मारा, इसका हिसाब-किताब अप्रासंगिक है। सभी संघर्षों से जुड़ी सामान्य बदला लेने की प्रेरणाओं के अलावा, मार्क्सवाद ने वर्ग शत्रु के खिलाफ बदला लेने के लिए विशिष्ट औचित्य की पेशकश की। मार्क्सवादी प्रचार बहुत से लोगों को शहीद बनाता है और बदला लेने का आह्वान करता है - जैसा कि अन्य कबीलाई मजहब करते हैं। मार्क्सवादी सिद्धांत में मौजूदा उत्पीड़न के ख़िलाफ़ संघर्ष के आह्वान अप्रत्यक्ष रूप से बदला लेने के आह्वान है। दुश्मन पर दोष मढ़ने वाली विचारधाराएँ उन लोगों के लिए आकर्षक होती हैं जो दोषी महसूस करते हैं। बहुत अच्छा लगता है जब

अपराधबोध नफरत में बदल जाता है। स्टालिन की अर्धदेव छवि साम्यवाद के अनुयायियों के एक बड़े हिस्से के लिए एक प्रमुख आकर्षण थी।

एक मजहब उस समय मानवता के लिए अत्यधिक खतरनाक हो जाता है जब उसके देवता के अनुयायी पूजा के नए विधान गढ़ लेते हैं। मार्क्स जैसा देव होते हुए जब मार्क्सवाद रक्तरंजित था तो स्टालिन और लेनिन जैसे क्रूर देव मिलने के बाद यह ज्यादा विध्वंसकारी होकर उभरा। अब मार्क्स की जगह स्टालिनवाद और लेनिनवाद संसार में खून की नदिया बहाने के लिए वैध विचारधाराएँ बन गयीं, वामपंथ और अधिक क्रूर हो गया। नये उपासक देवता को नए तरीके से गढ़ते हैं, बिलकुल अपने मन मुताबिक़। देवता का मुंह सील बंद कर उसके नाम पर खुद बोलने लगते हैं। इससे फायदा यह होता है कि निर्देश देने के लिए एक बंधा बंधाया समूह मिल जाता है और आगे काम करना सटीक हो जाता है। शायद यह उस देवता की ही परिपाटी रही होगी, शायद उसने भी अपने समय के देवताओं के मुंह दबा कर उनकी गद्दी हासिल की होगी।

5

हत्यारा वामपंथ

सोवियत संघ वामपंथ का सबसे बड़ा मॉडल बन कर उभरा। अगर हम बतौर सैंपल साइज़ सोवियत संघ को रखें और सोवियत नेताओं को सच्चा मार्क्सवादी मानकर उनके क्रियाकलाप देखें तो चीजें स्पष्ट हो जायेंगी। द्वितीय विश्वयुद्ध में अमेरिका ब्रिटेन सोवियत संघ इन सबने एक संघ बनाकर लड़ाई लड़ी, किन्तु जितनी जनहानि विश्वयुद्ध से नहीं हुयी थी उससे कहीं ज्यादा साम्यवाद ने की। सोवियत संघ में वामपंथ मनुष्यता का सबसे बड़ा हत्यारा प्रतीत होता है, सोवियत संघ में लगभग 61,000,000 लोगों की हत्या साम्यवादी शासन के दौरान हुयी इनमें से लगभग 43,000,000 के लिए स्टालिन स्वयं जिम्मेदार हैं। अधिकांश मौतें जिसमें लगभग 39,000,000 घातक जबरन श्रम और पलायन के कारण हुयीं। 1987 तक कम्युनिस्ट चीन की सांस्कृतिक क्रान्ति की वजह से 1,000,000 से अधिक लोगों की हत्या हुयी। इसके बाद उत्तर कोरिया और यूगोस्लाविया में हत्याएं हुयी।[3]

सबसे घातक हत्याएं वामपंथी खमेर रूज ने कंबोडिया में किया। पोल पॉट और उसके दल ने संभवतः अप्रैल 1975 से दिसंबर 1978 तक लगभग 7,000,000 की आबादी में से लगभग 2,00,000 कंबोडियाई लोगों को मार डाला। कुल मिलाकर वामपंथ के कारण लगभग 110,000,000 लोगों की हत्या हुयी है जो इस सदी के सभी अंतर्राष्ट्रीय और घरेलू युद्धों में मारे गए 38,000,000 युद्ध-मृतकों से कई गुना अधिक है।

साम्यवाद के तहत मारे गए लोगों की मृत्यु दो तरीके से हुयी है। पहले तरीके में तो न्यायेत्तर फांसी, पैसे देकर मरवाना, किसी के परिवार

रिश्तेदार को मारने की धमकी देकर मरवाना, यातना, पिटाई आदि द्वारा व्यक्तियों की हत्या शामिल है। दूसरा तरीका नरसंहार कर सामूहिक हत्याएं करना है। नरसंहार के लिए वामपंथ ने लोगों की जातीयता, नस्ल, धर्म या भाषा को बतौर कारण चुना।

मार्क्सवाद के संस्थापकों ने इसके निर्माण को गरीबी, शोषण, साम्राज्यवाद और असमानता के खिलाफ युद्ध के रूप में देखा गया था पर विडंबना यह हुयी कि व्यवहार में साम्यवाद ने, दशकों के पूर्ण नियंत्रण के बाद भी, औसत व्यक्ति की स्थिति में सुधार नहीं किया, बल्कि आमतौर पर उनकी जीवन स्थितियों को क्रांति से पहले की तुलना में अत्यधिक बदतर बना दिया। यह कोई संयोग नहीं है कि सबसे बड़े अकाल सोवियत संघ (1921-23 के दौरान लगभग 5,000,000 और 1932-33 के दौरान 7,000,000) और साम्यवादी चीन (1959-61 के दौरान लगभग 27,000,000 मृत) में पड़े हैं। विभिन्न साम्यवादी अकालों और संबंधित बीमारियों में कुल मिलाकर लगभग 55,000,000 लोग मारे गए, जिनमें से 10,000,000 से कुछ अधिक लोग विनाशकारी अकाल से मरे और यह लगभग 35,000,000 लोग कम्युनिस्ट देशों से भाग गए, यह मार्क्सवाद-लेनिनवाद के काल्पनिक ढोंग के खिलाफ जीता जागता उदाहरण था।

कम्युनिस्ट सरकारों ने लगभग बिना किसी अपवाद के सर्वाधिक पूर्ण शक्ति का प्रयोग किया है और उन्होंने तब बड़ी मात्रा में सामूहिक हत्या की हैं (जैसे कि स्टालिन के शासनकाल या माओ की शक्ति के चरम के दौरान) जब वे अपने इतिहास में सबसे ताकतवर अधिनायकवादी रहे हैं। अपने सामाजिक इंजीनियरिंग के प्रयोग में वामपंथ ने 100,000,000 से अधिक पुरुषों, महिलाओं और बच्चों को मार डाला।[4]

लेकिन कम्युनिस्ट कभी भी अपनी गलती नहीं देख पाते आख़िरकार, उनका ज्ञान तथाकथित वैज्ञानिक जो था, पर असल में मार्क्सवाद कट्टर मजहब की तरह काम करता है जो स्वयं के अलावा सभी विचारों को खारिज करता है। इसका प्रकट पाठ करने वाले मुख्य व्याख्याकार हिंसक लोग थे जिनके पास सभी उत्तरों के साथ इसके देवता अर्थात मार्क्स और उनका अनुष्ठानिक गद्य अर्थात कम्युनिस्ट मेनिफेस्टो था। इसमें स्वर्ग यानी वर्ग विहीन समाज था, और उस तक पहुँचने के लिए उचित व्यवहार यानी खूनी क्रान्ति का मार्ग भी। इसमें आस्था रखना यानी अधिनायक के प्रति

भयाक्रांत निष्ठा की अपील को मानना था और इसका धर्मयुद्ध अविश्वासियों यानी गैर-वामपंथियों के विरुद्ध था।

इसी कट्टरता के बल पर मार्क्सवाद ने ज़बरदस्ती सभी साधनों पर कब्ज़ा करना और शक्ति के सभी स्वतंत्र स्रोतों, जैसे कि परम्परा, व्यवसाय, निजी व्यवसाय, स्कूल और, निजी स्वतंत्रता को नष्ट करने या नियंत्रित करने का प्रयास किया।

वामपंथ विश्वासघात पर आधारित प्रक्रिया के द्वारा फैलता है। दूसरी विचारधाराओं वाले लोगों से मिलते वक्त ये उनकी बोली भाषा बोलते हैं ताकि नजदीकियां बढ़ जाएँ, फिर अपनी विचारधारा के छद्म स्वर्ग की चर्चा करते हैं ताकि सामने से दो चार लोगों को तोड़ा जा सके। इस तरह छल बल से ये अपनी गिनती बढाते हैं। वामपंथी जहाँ संख्या में कम होंगे वहां पर संविधान और लोकतंत्र की बात करेंगे लेकिन जैसे ही इनकी जनसंख्या दूसरी विचारधारा के लोगों से अधिक हुई ये अत्यंत क्रूर हो जाते हैं और वामपंथ को तलवार के बल पर लागू करने की बात करने लगते हैं।

6

वामपंथी कविताएँ मछली फंसाने के केंचुए हैं

1953 में स्टालिन की मृत्यु पर चिली के मशहूर वामपंथी कवि पाब्लो नेरुदा (जो भारत में हर साहित्यिक कार्यक्रम में बड़े ही अदब के साथ पढ़े जाते हैं) उद्धरित किये जाते हैं, ने स्टालिन का महिमामंडन करती हुयी एक कविता लिखी। (यह आमतौर पर नेरूदा की संकलित कविताओं के संस्करणों से हटा दिया जाता है।) कविता का लब्बोलुआब यह है,

स्टालिन चंद्रमा हैं
मनुष्य और लोगों की परिपक्वता हैं,
स्टालिनवादियों, आइए हम इस उपाधि को गर्व के साथ धारण करें कि
हम स्टालिनवादी कार्यकर्ता, क्लर्क और महिलाएं हैं
रोशनी गायब नहीं हुई है,
आग गायब नहीं हुई है,
स्टालिन के अजेय समय में केवल प्रकाश, रोटी, आग और आशा
उसके कंधों में पाया,
और विशालकाय स्टालिन ने उसे अपने माथे की ऊंचाई पर उठाया

नेरुदा चापलूसी की हद पार करते हैं और स्टालिन के प्रति नेरुदा की अपनी वफादारी ने उन्हें चिली के काउन्सिल रहते हुए, 1940 में लियोन ट्रॉट्स्की,

जो सोवियत संघ में स्टालिन के प्रतिद्वंद्वी थे, की हत्या के लिए मैक्सिको भेजी गई एक टीम को झूठे चिली पासपोर्ट देने के लिए प्रेरित किया था। वेनोना डिस्क्रिप्शन के अनुसार, मेक्सिको में केजीबी ने नेरुदा को एक एजेंट के रूप में शामिल किया।[5]

ढफली के साथ नेरुदा की कवितायें गाते बजाते युवक स्टॉकहोम सिंड्रोम के ही शिकार हैं, वामपंथी आकर्षण के शिकार है। यूटोपियन भावनाओं के प्रति अपनी अपील के अलावा, मार्क्सवाद के साम्यवादी संस्करण ने पूँजीवादी वर्ग के प्रति श्रमिक वर्ग की वर्ग घृणा को भी बढ़ावा दिया, साम्यवाद की अपील कई देशों में श्रमिकों की तुलना में बुद्धिजीवियों के लिए अधिक थी, वर्ग घृणा अक्सर परोक्ष रूप से व्याप्त थी।

खूनी बिगुल बजाओ, खूनी ढोल बजाओ।
खूनी पूँजीपति वर्ग को खूनी राज्य में उड़ा दो;
हम एक बड़ा अलाव बनाएंगे, पुराने चर्च के शिखर जितना ऊंचा,
और हम खूनी दुष्टों को एक-एक करके जलाएंगे।

साहित्यकारों की वामपंथी संगठनों के प्रति प्रतिबद्धता इतनी थी कि वे वैचारिक रूप से असहमत लोगों को जबरिया सम्बद्ध होने के लिए विवश करते। वामपंथी संगठनों से लोग न चाहते हुए भी एक समय जुड़े रहे क्योंकि उन्हें छोड़ने के परिणामों का भय वामपंथी कवियों ने दिखाया, बुरी बातों को आपातकालीन कर्तव्य के रूप में प्रचारित किया गया।

7

दुःख ही मार्क्सवादी मोटर का ईंधन है

एक व्यक्ति जब समृद्ध हो जाता है तो वह दुःख, अवसाद, पीड़ा, संघर्ष से मुक्ति चाहता है, किन्तु मार्क्सवादियों के लिए पीड़ा से मुक्त हो जाना अपराध है। वह मानते हैं कि जैसे जैसे व्यक्ति निजी जीवन में सुखी होता जाएगा वैसे वैसे वह मार्क्सवाद से दूर होता जाएगा इसलिए मार्क्सवादी एक के बाद एक दुःख की बात करते हैं। सुख शांति और समृद्धि मार्क्सवादियों के लिए जहर है, उदाहरण के लिये यदि कोई स्त्री अपने घर में सुखी है तो वे उसे पितृसत्ता का दुःख दिखाएंगे, फिर उसे बाजार की वस्तुओं को अपने हिसाब से न खरीद पाने का दुःख दिखाएंगे, यदि वह नौकरी करती है तो उसके घर से द्वंद्व दिखाएंगे, अकेली है तो उसके अकेलेपन के लिए परम्पराओं को जिम्मेदार ठहराते हुए लम्बी-लम्बी कविताएं लिखेंगे। कुल मिलाकर दुःख वामपंथ का ईंधन है। जब तक यह ईंधन वामपंथी मोटर में डाला जा रहा है तब तक वह चलेगी और जब यह ख़त्म हो जाएगा तो गाड़ी बंद हो जायेगी इसलिए वामपंथी परमाणु के इलेक्ट्रान से लेकर आकाशगंगा के अनंत विस्तार में भी दुःख खोजते हैं। मार्क्स को श्रमिकों के दुःख का ईंधन मिला और नव मार्क्सवादी संस्कृति में दुःख के कण ढूंढते फिरने लगे।

दुःख और असहमति निरंतर चलने वाली प्रक्रिया नही है किन्तु मार्क्सवादी किसी बात से सहमत नही होगा। बारिश में धूप के लिए रोयेगा, धूप में बादल के लिये आंसू बहायेगा, गर्मी में दिसम्बर याद करेगा, दिसम्बर में ठंड को गाली देते हुए मई को पुकारेगा। उसे हर समय प्रतिवाद करना है। वह हर व्यवस्था, संरचना को गलत बताएगा और अशांत रहेगा। कोयले के गीत गायेगा पर मौक़ा मिलते ही हीरा चुराकर भागने की फिराक

में रहेगा। आपकी बात, लेख, कथा-काव्य और कर्म को कूड़ा बताते रात दिन आपका समीक्षक बना रहेगा और चाहेगा कि आप उसकी महानता पर निहाल रहें। वह अपने पिटने, जलील होने की तुलना महात्मा गांधी से करेगा, विक्टिम कार्ड खेलेगा। अव्वल दर्जे का कापुरुष होगा पर अपने लोगों के समूह में आते ही बात ऐसे करेगा कि दुनिया मानों उसी वजह से सुरक्षित बनी है। अपने मित्र के मित्र से, मित्र के विरुद्ध विष बोलेगा, दूसरे की उपलब्धि को अपने कारण बताते हुए इस बात पर रोयेगा कि उसने इस बात का क्रेडिट नही दिया, आसमान की तरफ थूकेगा और थूक अपने उपर गिरते ही दुश्मनों की साजिश बताते हुए ललकार लगाएगा। वामपंथी के लिए प्रसन्नता जहर और सम्बन्ध फांसी है। दो लोगों के प्रेम में वफादारी उसके लिए असहनीय है। सबके कार्यों के प्रति असहमति और अपने कार्यों की घोर सहमति चाहता है, आशंकित होते हुए अपने को निःशंक भाव में बताएगा। एक बात हजारों लोगों से बताते हुए प्रत्येक से कहेगा कि केवल तुम्ही को बता रहा हूँ क्योंकि तुम मेरे ख़ास हो। अपना मरियलपन छोड़े बिना पहलवान बनने के सपने देखता है। अपने को लोकतांत्रिक और धर्मनिरपेक्ष घोषित करते हुए नस्लवाद का समर्थन करेगा। समानता का शब्द रटते रटते अधिनायक बनाने का स्वप्न देखेगा। बाजार को गाली देने के बाद रात गए उन्ही गलियों में जाते दिखता है और तो और उद्योगपतियों के नाश की कामना करता है लेकिन अपनी सर्वहारा पत्रिका के लिए उन्ही से विज्ञापन माँगता है। वामपंथी निरंतर अशांति की कामना करते हैं ताकि उनकी प्रासंगिकता बनी रहे। इसके लिए तमाम उपाय मार्क्सवादियों द्वारा खोजे जाते हैं।

वर्ग विघटन की तकनीक के असफल हो जाने के बाद सांस्कृतिक विघटन में मार्क्सवादी अपना भविष्य देख रहे हैं।

8

उत्परिवर्तन

1848 में मार्क्स और फ्रेडरिक एंगल्स द्वारा कम्युनिस्ट मैनिफेस्टो की घोषणा की गयी, तब से लेकर आज तक साम्यवाद निरंतर अंतहीन युद्ध का आह्वान करता चला आ रहा है, साम्यवादी तौर तरीकों की एक ख़ास बात यह है कि ये व्यवस्थाओं को ध्वस्त करने के लक्ष्य को पाने के लिए उन निषिद्ध बातों के प्रयोग करने से भी नहीं हिचकते जिसे मार्क्स ने खारिज किया था। हीगल के द्वंद्ववाद में विचारों को प्रमुख मानने का प्रबल विरोध मार्क्स ने किया, उसका द्वंद्वात्मक भौतिकवाद इस बात पर ही टिका था कि विचार नामक कोई तत्व का अस्तित्व नहीं होता है। वह खालिस पदार्थ के विकास को देखता है उसे द्वंद्वात्मक तरीके से समझाता है। मजे की बात यह है कि न उसने द्वंद्वात्मक सिद्धांत का निर्माण किया न ही भौतिकवादी अन्वेषण, बस दो अलग अलग लोगों के विचारों को बिना उनकी अनुमति के जोड़कर अपने सिद्धांत की रचना कर दिया।

द्वंद्वात्मक भौतिकवाद के नक़्शे कदम पर उसने ऐतिहासिक भौतिकवादी सिद्धांत गढ़े जिसका एक ही मकसद था कि किसी तरह अपनी बातों को न्यायोचित ठहरा सके। इतिहास में घटी घटनाओं के सहारे वह वर्ग संघर्ष और साम्यवादी समाज की भविष्यवाणी को सही ठहराने के क्रम में एक बड़ी भूल कर बैठा। मार्क्स के द्वारा प्रतिपादित इतिहास का विकास आदिम युग से चलकर साम्यवादी युग पर आकर समाप्त हो जाता है जबकि सत्यता यह है कि समय किसी एक मोड़ पर नहीं रुकता, वह तमाम घटनाओं प्रघटनाओं को समेटे सतत चलता है। साम्यवादी युग के बाद क्या इतिहास वहीं रुक जाता है? मार्क्स के पास इस प्रश्न का कोई उत्तर नहीं था बावजूद

इसके मार्क्सवादी उसी साम्यवादी यूटोपिया की जड़ता में बंधे थे, उससे इतर सोच भी नहीं सकते थे।

जड़ता, विकास और चेतना को कुंद कर देती है। जिस मोड़ पर मार्क्सवादी खड़े हैं, सभ्यता कब की वहां से गुजर चुकी है। अब हालत यह है कि भविष्य में जा चुकी दुनिया को वामपंथी भूत को ही भविष्य मनवाने का अथक जतन कर रहे हैं और इसके लिए समय की मार से अपने विकृत चेहरे के ऊपर बौद्धिकता का मुखौटा लगा रहे हैं, नई नई दवाओं के सहारे नसों में रक्त संचार करने का प्रयास कर रहे हैं। सांस्कृतिक मार्क्सवाद उन्ही प्रमुख दवाइयों और मुखौटों में से एक है जिसे कुछ लोग सांस्कृतिक युद्ध कहकर खारिज कर सकते हैं, लेकिन वास्तव में यह विचारों की परिणामी लड़ाई है।

नव वामपंथियों को अब एहसास हुआ कि पूँजीपति वर्ग को उखाड़ फेंकने के लिए घरेलू क्रांतियाँ ज्यादा व्यवहारिक नहीं हैं इसलिए नव वामपंथी आज क्रांति प्रारंभ में नहीं अंत में करने की बात करने लगे हैं। इसके लिए उन्होंने तीन सूत्रीय कार्यक्रम पर जोर दिया जिसमें,

1. लोगों को संगठित करने,
2. उन्हें प्रशिक्षित करने, और
3. उन्हें सांस्कृतिक प्रतिस्थापन के एजेंट के रूप में पक्के पोढ़े से तैयार करने से ही क्रान्ति संभव होगी।

यही वह उत्परिवर्तन है जिसके चलते मार्क्सवाद सांस्कृतिक मार्क्सवाद में बदल गया।

जिस तरह विश्व ने कोरोना वायरस के म्युटेंट का सामना किया जिसमें वह नए नए स्वरुप बदल कर सामने आता है, इस वजह से वैक्सीन भी अप्रभावकारी हो जाती रही, उसी तरह आज हम मार्क्सवाद के एक अलग उत्परिवर्ती रूप का सामना कर रहे हैं, एक पद्धति का प्रयोग करने के बाद वामपंथी दूसरी रणनीति लेकर आते हैं। जब तक उनकी पुरानी चाल को आप समझेंगे तब तक वह नयी चाल के साथ आ जाते हैं, सांस्कृतिक मार्क्सवाद के अलावा वामपंथी वर्तमान में सत्योत्तर सिद्धांत, उत्तर संरचनावादी सिद्धांत के सहारे ये अपना रूप हिंसात्मक से आकर्षक बनाकर

लोगों के बीच उतरे हैं। धर्म जिनके लिए अफीम है वही धर्म का चोला ओढ़ कर नई नई व्याख्याओं के साथ धर्म टोली के बीच में हैं। मिथ्या चेतना का निर्माण कर, अवैज्ञानिक को विज्ञान बनाकर मजदूरों, किसानों, छात्रों के बीच में हैं। लैंगिक समानता को स्थापित करने के लिए दाढ़ी मूंछों के बीच लिपस्टिक लगा कर युवाओं के बीच में हैं।

वह हर दिन एक नए मुखौटे के साथ, नवीन उत्परिवर्तन के साथ हमारे बीच में हैं।

9

सांस्कृतिक मार्क्सवाद का उदय

रूस की बोल्शेविक क्रांति के बाद भी विभिन्न देशों के मजदूर संगठित नहीं हुए और कोई बड़ी क्रांति नहीं हुई। एक बात यहाँ महत्वपूर्ण है कि बोल्शेविक क्रान्ति भी कोई मार्क्सवादी विचारधारा का परिणाम नहीं थी बल्कि जारशाही से उकताए सामान्य जन के असंतोष का परिणाम थी। लेनिन उस समय पेरिस में था और क्रांति के बाद उस पर अपना ठप्पा लगाने रूस आ पहुंचा। रूस में क्रान्ति के वही कारण थे जो फ्रांस में थे, अमेरिका में थे या इंग्लैंड में थे। लेनिन ने रूस की क्रान्ति पर मार्क्सवाद का मुलम्मा इसलिए चढ़ाया ताकि वह वहां का अधिनायक बन सके और अपने कृत्यों को नैतिक रूप से सही ठहरा सके। फिर भी सोवियत रूस में जैसा हुआ वैसा ही वामपंथी हर देश में चाहते थे लेकिन ऐसा ना हो सका।

पेरिस में कम्यून क्रान्ति पहले ही असफल हो चुकी थी अतः साम्यवाद के विचार प्रसार को अवरुद्ध हुआ देख नव मार्क्सवादी वर्ग संघर्ष के नए कारण ढूंढने लगे। उन्हें यह कारण इटली के वामपंथी विचारक एंटोनियो ग्राम्शी के 'सांस्कृतिक प्राधान्य'[6] में मिला। उसका मूल विचार यह था कि पूँजीवाद को परास्त करने में मार्क्सवाद सक्षम नहीं था क्योंकि पूँजीवाद का संबंध केवल आर्थिक संरचनाओं से ही नहीं है बल्कि सभ्यता और संस्कृति से भी है। राष्ट्रीयता, परिवार, विवाह, धर्म और संस्कृति जैसी चीजें मजदूरों को एक होकर विद्रोह करने में बाधक हैं। इसलिए यदि पूँजीवाद को उखाड़ फेंकना है तो संस्कृति को नष्ट करना ज़रूरी होगा। सांस्कृतिक मार्क्सवाद वह वामपंथी विचार है कि पारंपरिक संस्कृति आधुनिक दुनिया

में उत्पीड़न का स्रोत है। नया वामपंथी विचार पूँजी की बजाय संस्कृति पर शिफ्ट हो गया।

सोवियत क्रान्ति के बाद जनता को कुचलने वाले ऐसे नेतृत्व मिले जिससे पूरा संघ कराह उठा, उधर लाल क्रांति में डूबे चीन का चौक भी निर्दोष छात्रों के खून से लाल हो गया, जहाँ जहाँ मार्क्स का सिद्धांत गया वहां वहां केवल मानवता के विध्वंस के अलावा कोई ऐसा बदलाव नहीं हुआ जिसकी कल्पना मार्क्स ने दुनिया के सामने रखी, कोई वर्ग विहीन समाज नहीं बना बल्कि समाज क्रूर अधिनायक और भयभीत जनता में बंट गया। इससे मार्क्स का बुलबुला जल्द ही फूट गया क्योंकि ऐतिहासिक भौतिकवाद नामक चीज केवल इतिहास का अपने हिसाब से पुन: प्रस्तुतिकरण का प्रयास था। यह घटित घटनाओं के सहारे आर्थिक आधार पर की गयी वह व्याख्या थी जिसमें संस्कृति और पर्यावरण को गौण बना दिया गया था। मार्क्स कहता था कि दार्शनिक केवल व्याख्या करते हैं पर उससे समाज का बदलाव नहीं होता है, द्वंद्वात्मक भौतिकवाद समाज को बदलने का जरिया बनेगा। मार्क्स यह भूल गया कि क्रांतियाँ पुरानी संरचना को ध्वस्त भले कर दें पर पुरानी संरचना का विकल्प नहीं दे पातीं, ध्वस्त करना तात्कालिक तौर पर एक आकर्षक क्रिया है पर विकल्प के अभाव में अराजकता बढती है, समाज नष्ट होने की ओर बढ़ता है। मार्क्स पुरानी व्यवस्था को तुरंत खत्म करना चाहता था और विकल्प के नाम पर वर्ग विहीन समाज की संज्ञा थी उसके पास। वर्ग विहीन समाज काम कैसे करेगा उसकी संरचना कैसे होगी इस पर वह अस्पष्ट है। परिणामस्वरूप कुछ समय बाद रूस टूट गया और मार्क्सवाद वहां भी एक तरीके से असफल हो गया।

इस घटना के बाद वामपंथियों ने सांस्कृतिक तत्वों में बदलाव को ही सामाजिक और राजनीतिक बदलाव मानने पर अपना पूरा जोर लगा दिया और पूरी दुनिया में संस्कृति को नष्ट करने के तमाम षड्यंत्रों में योजनाबद्ध रूप से जुट गये इसके लिए पहला निशाना अकादमिक जगत बना जहाँ वे उत्तर संरचनावाद के जरिये सांस्कृतिक मार्क्सवाद को अकादमिक विषय बना कर उसको वैधता और विस्तार देने लगे। उत्तर संरचनावाद के आधार पर सोवियत संघ के विघटन की भी व्याख्या की गयी ताकि मार्क्सवाद को प्रासंगिक दिखाया जा सके।

10

उत्तर संरचनावाद

उत्तर संरचनावाद ने लिखित पाठ या सांस्कृतिक मूल्यों के साथ अपने व्याख्यात्मक जुड़ाव के रूप में विखंडन को जन्म दिया। विखंडन किसी साहित्यिक या सूचनात्मक पाठ और संस्कृति में व्यक्त या संप्रेषित केंद्रीय विचार के विरुद्ध एक संदेह के रूप में कार्य करता है। यह साहित्यिक, सांस्कृतिक या ऐतिहासिक ग्रंथ के किसी विशेष अर्थ की व्याख्या की केंद्रीयता का विरोध करता है और आमतौर पर पहचाने जाने योग्य अर्थ के विरुद्ध उसके अनिश्चित बिंदुओं या विशेषताओं का उपयोग कर उन्हें विखंडित करता है। मुख्य अर्थ से अलग वैकल्पिक अर्थ का निर्माण और उसे ही सही बताना उत्तर संरचनावाद है। वैकल्पिक अर्थ को प्राप्त करने के लिए किसी चीज की वास्तविक प्रकृति के प्रति विखंडनात्मक दृष्टिकोण अपनाना आवश्यक है ताकि अन्य अर्थ निकल सकें, इसके लिए वामपंथी वैकल्पिक समझ के साथ प्राथमिक अर्थ को प्रतिस्थापित करने और मूल पाठ को विध्वंसक अर्थ के रूप में जानने का दृष्टिकोण विकसित करते है। इस सिद्धांत के अनुसार सांस्कृतिक प्रथाओं को पढ़ने का सबसे बुनियादी आधार उस पाठ के विपरीत पाठ को पढ़ना है। उदाहरण के लिए रामराज्य जो समृद्ध और न्यायपूर्ण व्यवस्था का पर्याय है, उसे सांप्रदायिक और द्वेषपूर्ण संरचना के अर्थ में वामपंथियों द्वारा निरुपित किया जाता है।

11

एंटोनियो ग्राम्शी

मार्क्स ने लिखा था कि वर्ग संरचना का आधार अर्थव्यवस्था है, आर्थिक संरचना ही मूल संरचना है। राज्य, धर्म, मीडिया, शैक्षणिक संस्थान आधारभूत आर्थिक संरचना के अनुरूप निर्मित होते हैं अर्थात जेब में रुपया कितना है इससे आपकी शिक्षा, राजनीति धर्म इत्यादि तय होते हैं। इसका मतलब है कि यदि आर्थिक संरचना बदलती है, तो बाकी रचनाएं स्वतः बदल जाएंगी। इसका आखिरी मतलब है कि केवल एक उत्पादन की मूल संरचना या आधार में बदलाव की आवश्यकता है जो सभी संरचनाओं को बदल देगी। इसके उलट ग्राम्शी कहता है कि बाकी संरचनाओं पर बुर्जुआ वर्ग आधिपत्य रखता है इसलिए परिवर्तन नहीं हो पाते इसलिए किसी समाज को तोड़ना है तो सबसे पहले उसके धर्म, शिक्षा, राजनीति को तोड़ना चाहिए।

एंटोनियो ग्राम्शी इटली में कम्युनिस्ट पार्टी का संस्थापक और मुसोलिनी का समकालीन था। उसने जब देखा कि मार्क्स के क्रांति की भविष्यवाणी असफल हो गयी तो मार्क्सवाद का उसने नए सिरे से अध्ययन किया और पाया कि वर्ग चेतना की बजाय समूह को उसकी सांस्कृतिक चेतना आबद्ध करती है। उस सांस्कृतिक चेतना को किसी एक प्रधान तत्व द्वारा नियंत्रित किया जाता है और उस तत्व के प्रति एक सर्वमान्य सहमति होती है। बिना उस सहमति को तोड़े उत्पीडित लोगों को समूह से अलग नहीं कर सकते और इसके लिए उस संस्कृति का ही ध्वंस या उसके प्रति उसके सदस्यों में हेय भाव विकसित करना होगा। ग्राम्शी के इन विचारों को तत्कालीन सरकार सहन न कर सकी और उसे जेल भेज दिया। जेल में

ग्राम्शी ने प्रिजन नोट्स लिखे और मार्क्स के ऐतिहासिक भौतिकवाद की आलोचना कर नव मार्क्सवाद की नींव डाली।[7]

ग्राम्शी मार्क्सवाद को हर परिस्थिति के अनुरूप बनाये जाने की बात करता है ताकि यह अनुकूलनशीलता कम्युनिस्ट घोषणापत्र में व्यक्त आर्थिक विचारों का स्थान ले सके।

1918 में इटली के कार्यकर्ताओं द्वारा साम्यवादी राज्य स्थापित करने में विफलता के बाद, 1920 और 30 के दशक में लिखते हुए, एंटोनियो ग्राम्शी ने कहा कि सर्वहारा अपनी स्वयं की दासता के लिए सहमति दे रहा था। ऐसा कैसे हो रहा है, वह अपने बुर्जुआ उत्पीड़क, धर्म, परिवार, राष्ट्र-राज्य, आदि के सांस्कृतिक जाल में फंसता है। ग्राम्शी ने अपनी मान्यताओं का विस्तार किया। मार्क्स ने लिखा होगा कि क्रांतियां अनिवार्य रूप से तब आएंगी जब समाज में उत्पादन की भौतिक शक्तियां मौजूदा उत्पादन संबंधों के साथ संघर्ष में आएंगी लेकिन ग्राम्शी के अनुसार, लोकप्रिय मान्यताएँ और समान विचार स्वयं भौतिक शक्तियाँ हैं जिससे आम आदमी बंधा रहता है हर परिस्थिति को स्वीकार कर उसी के अनुकूल बना रहता है और क्रान्ति नहीं करता। ग्राम्शी वह अर्थ की बजाय संस्कृति में परिवर्तन की बात करता है। क्रान्ति के लिए संस्कृति का टूटना बहुत आवश्यक है।

ग्राम्शियन सांस्कृतिक मानवविज्ञानी हार्मनी गोल्डबर्ग ने 2015 में ग्राम्शी के विचारों का संक्षिप्त परिचय में कहा था कि ग्राम्शी ने इस दावे को बरकरार रखा कि एक सफल क्रांति के लिए अंततः बुर्जुआ राज्य को उखाड़ फेंकना होगा चूँकि पूँजीवादी आधिपत्य राज्य केवल हिंसा के माध्यम से काम नहीं करता है, बल्कि यह उत्पीड़ित लोगों की सहमति और भागीदारी को बढ़ावा देने के लिए नए सिरे से नागरिक समाज को भी संगठित करता है। एक सफल क्रांतिकारी आंदोलन को सबसे पहले उस सहमति को कमजोर करने के दीर्घकालिक प्रयास में संलग्न होना होगा। ग्राम्शी समान विचारधारा वाले समूहों को गठबंधन बनाने को कहता है। वह सबाल्टर्न वर्ग के गठबंधन की बात करता है, सबाल्टर्न का अर्थ है जो उत्पीड़ित किये गये हैं।

अब उत्पीड़ित कौन हैं, उनके उत्पीड़न के कारण क्या हैं यह बहुत स्पष्ट नहीं है। उत्पीडन शब्द को एक ठप्पे जैसा इस्तेमाल किया गया है। ग्राम्शी कहता है कि श्रमिक पूँजीपति द्वारा शोषित एकमात्र वर्ग नहीं हो सकते हैं। अन्य वर्ग भी हो सकते हैं, उदाहरण के लिए भारत के मामले में,

दलित, आदिवासी, अल्पसंख्यक, महिलाएं, ट्रांसजेंडर को वामपंथियों ने सबाल्टर्न वर्गों के रूप में शामिल किया है अर्थात ये सारे वर्ग पूँजीपतियों से शोषित है।

भारत की एक पार्टी के नेता बार बार दलित, आदिवासी, अल्पसंख्यक, महिलाओं, मजदूरों, किसानों के शोषण के लिए दो उद्योगपतियों को जिम्मेदार ठहराते हैं। सत्ता पक्ष और पूँजीपतियों के गठबंधन की बात करते हैं। जबकि उन्ही की पार्टी के मुख्यमंत्रियों द्वारा उन पूँजीपतियों को निवेश करने के लिए रेड कारपेट बिछाया जाता है। यह ग्राम्शी के ही सिद्धांतों का अनुसरण है। उसी पार्टी के अन्य प्रमुख नेता कहते हैं कि यदि पूँजीपति पैसे देते हैं तो वे उनके खिलाफ अपना मुंह बंद रखेंगे। नव वामपंथियों का मंतव्य है कि पूँजीपतियों, बुद्धिजीवियों, सांस्कृतिक लोगों से साठ गाँठ कर उन्हें अपनी तरफ मिलाया जाना चाहिए ताकि उनके संसाधनों का उपयोग अपनी शक्ति बढाने में किया जा सके और जो साथ ना आये, कोशिश कर उसे अप्रासंगिक कर दिया जाय। भारत के संदर्भ में एक उदाहरण काफी रोचक है। पिछले कुछ समय पहले एक राजनीतिक समूह ने मीडिया के कुछ पत्रकारों का इसलिए बायकाट किया क्योंकि उनकी रिपोर्टिंग उस राजनीतिक समूह के हित के अनुरूप नहीं थी। इसके अतिरिक्त चुनाव प्रणाली से लेकर सर्वोच्च न्यायलय तक हर उस संस्था को अप्रासंगिक करने का प्रयास किया जा रहा है जो विशेष राजनीतिक समूह के हितपूर्ति न कर सके। इस अवलोकन से यह लगता है कि एक समूह द्वारा भारत में ग्राम्शी द्वारा विकसित किये गये सांस्कृतिक मार्क्सवाद का अनुप्रयोग हो रहा है। वस्तुतः इस अनुप्रयोग के निर्देश कहीं और तैयार किये जाते हैं।

कुछ लोग यह तर्क देंगे कि यदि मार्क्सवाद एक कबीलाई मजहब की तरह है तो इसमें अनुकूलनशीलता जैसा शब्द क्यों आया जो नव मार्क्सवादी प्रयोग कर रहे हैं,तो इसका उत्तर यह है कि इस अनुकूलनशीलता को मकसद पूरा होने तक धोखा देने की नीति माना जाय जो किसी भी कबीलाई संस्कृति के प्रसार का मुख्य अंग हुआ करता है। मार्क्सवाद का उत्परिवर्ती रूप सांस्कृतिक मार्क्सवाद/ नव मार्क्सवाद/ उत्तर संरचनावाद है और इन सब का मकसद यानी उद्देश्य है अन्तर्ध्वंस।

12

अंतर्ध्वंस (सबवर्जन)

नव मार्क्सवादियों को समझ आया कि राज्य पर कब्जा करना है तो पहले उसकी सांस्कृतिक संस्थाओं पर कब्जा किया जाय, अब पूँजीवाद कोई मायने नहीं रखता है। देश की सांस्कृतिक संरचना के विनाश से ही साम्यवादी लक्ष्य पाया जा सकता है और यह काम श्रमिकों के वश का नही बल्कि यह बुद्धिजीवियों का काम है। इसी क्रम में एक नाम रूडी दुश्के का है। वह कोई छुपाव-दुराव नहीं करता था। उसने कहा कि वामपंथ तभी जीत सकता है जब वह राज्य के सभी संस्थाओं को अपने कब्जे में कर ले। उसने मार्क्सवादियों को सभी संस्थाओं पर अधिकार करने के छल सुझाए। रूडी आगे कहता है कि वामपंथियों को हर हाल में शिक्षा और नीतियां तय करने वाली संस्थाओं (स्कूल, कॉलेज, सिनेमा, पत्रकारिता, साहित्य, आदि) पर अपना वर्चस्व स्थापित करना होगा और संस्कृति पर भीतर से हमले करने होंगे। इसे उसने "अंतर्ध्वंस" (subverting) का नाम दिया। रूडी ने खुलकर कहा कि वामपंथियों को अपनी मार्क्सवादी पहचान छुपाकर संस्थाओं पर आधिपत्य स्थापित करना चाहिए और उद्देश्य को पूरा करने का प्रयास करते रहना चाहिए। ये सारी बातें दस्तावेजों में मौजूद हैं।

यह रणनीति हर्बर्ट मार्क्यूस की किताब काउंटररेवोलुशन एंड रिवोल्ट[8] में दोहराई गई है। मार्क्यूस मार्क्सवाद की फ्रेंकफर्ट स्कूल की शाखा का सदस्य था। इसका अर्थ यह है कि सांस्कृतिक मार्क्सवाद के संबंध में फ्रेंकफर्ट स्कूल की भूमिका को ठुकराया नहीं जा सकता।

रूस की खुफिया एजेंसी केजीबी की पचासी फीसदी गतिविधियों का संबंध इसी अंतर्ध्वंस से था। वे यह मानते थे कि पश्चिमी पूँजीवाद को वे पश्चिमी देशों को उनकी संस्कृति को भीतर-ही-भीतर नष्ट करके हरा सकते थे।

इस प्रकार संस्कृति का ध्वंस करने के लिए वामपंथी धर्म, पारिवारिक मूल्य, राष्ट्रवाद और संस्कृति पर छुपकर प्रहार करेंगे। यह ऐसा बिंदु है जहां नव-मार्क्सवादी और उत्तर-आधुनिकतावादी एक हो जाते हैं क्योंकि सांस्कृतिक और नैतिक सापेक्षवाद ही संस्कृति को नष्ट कर सकता है, लेकिन उद्देश्य के पूरा हो जाने के बाद उनकी ज़रूरत नहीं रह जाती।

हमें जर्मनी के फ्रेंकफर्ट स्कूल को भी नहीं भूलना चाहिए। फ्रेंकफर्ट स्कूल ने क्रिटिकल थ्योरी के नाम से जिस विचार का प्रतिपादन किया वह सामाजिक संरचनाओं की आलोचना का विचार है जिसके विस्तार में अन्तर्ध्वंस मिलता है। आजकल फेमिनिस्ट लोग इस शब्दावली का बहुत उपयोग करते हैं पर उन्हें पता नहीं होता कि यह शब्द नव मार्क्सवादियों द्वारा फ्रेंकफर्ट स्कूल में सुझाया गया था। अन्तर्ध्वंस सिद्धांत ग्राम्शी के सांस्कृतिक प्राधान्य के सिद्धांत पर काम करता है। यह विचार मूलतः यह कहता है कि पूँजीवाद से लड़ने के लिए हमें लोगों के बीच जातीय और लैंगिक आधार पर टकराव की स्थिति उत्पन्न करनी होगी। इस प्रकार वे संरचना को नस्लभेदी और लिंगभेदी के रूप में प्रचारित करेंगे। वामपंथियों को लगता है कि वर्ग संघर्ष की तुलना में यह रणनीति अधिक शक्तिशाली और प्रभावशाली सिद्ध होगी।

पश्चिम में मूल्यों को नष्ट करने के प्रयास में मीडिया, मनोरंजन, एकेडेमिक्स और साहित्य को कब्जे में लिया जाने लगा। यही काम भारत में हुआ। भारत में लम्बे समय तक शासन में रहने वाली एक पार्टी और कम्युनिस्ट एक सिंबॉयाटिक रिलेशन में थे। एक नया विश्वविद्यालय इसी उद्देश्य के लिए बनाया गया, तथाकथित प्रगतिशील संस्थाएं बनाई गईं, फिल्मों में भारतीय संस्कृति को विरूपित किया गया। साहित्य और शिक्षा में नारीवाद, समलैंगिकता, न्यूडिटी, बहुसंस्कृतिवाद के नाम पर मजहबी आतंक और धर्म परिवर्तन की पुरजोर वकालत की जाने लगी और नास्तिकता के जरिये हर सामाजिक संस्था में उपस्थित पवित्र और क्रमबद्ध तत्वों को मैला व अव्यवस्थित कर उसे सामान्य बनाया जाने लगा।

अमेरिका, यूरोप खासकर जर्मनी में बहुत सारे कम्युनिस्ट इस विचारधारा का पोषण करते हैं, सिद्धांत बनाते हैं, नेक्सस तैयार करते हैं और कार्यान्वित करने के लिए दूसरे देशों में भेजते हैं। सांस्कृतिक मार्क्सवादी विचारक जॉर्ज लुक्कास गोष्ठियों में महिलाओं को डिजायर पाने, सेक्स टैबू को तोड़ने और अपने परिवार से विद्रोह करने का प्रशिक्षण देता था। सांस्कृतिक मार्क्सवाद ध्वंस की बात करता है पर विकल्प में अराजकता और मत्स्य न्याय देता है, प्राचीन भारत में ऐसे लोग म्लेच्छ कहलाते थे जो क्रमबद्धता, व्यवस्था में नही थे, व्यवस्था में नही थे, जो ऋत यानी सामजिक-प्राकृतिक नियमों का पालन नहीं करते थे।

भारतीय राजनीति में लम्बे समय तक सत्ता में रहने वाली पार्टियों के नेताओं का दृष्टिकोण देखा जाए तो स्पष्ट हो जाता है कि अन्तर्ध्वंस की प्रक्रिया कितनी महीन और कितने आयामों पर चल रही है। दक्षिण भारत के नेताओं का हिंदुत्व को लेकर डेंगू मलेरिया जैसे बयान अन्तर्ध्वंस के परिप्रेक्ष्य में ही समझा जाना चाहिए।

13

स्टॉकहोम सिंड्रोम

स्टॉकहोम सिंड्रोम का सम्बन्ध 1973 में स्वीडेन में नार्म्सस्टॉर्ग बैंक डकैती से है। उस बैंक डकैती में अपहरणकर्ता ने चार लोगों को बंधक बनाया था और एक खास रिश्ता किडनैपर और बंधकों के बीच पनपा जिसे स्टॉकहोम सिंड्रोम के नाम से जाना जाने लगा। जिन लोगों को बंधक बनाया गया था उनका अपहरणकर्ता से लगाव पैदा हो गया था। यही वजह थी कि जब स्वीडेन सरकार ने अपहरणकर्ता के ही एक दोस्त को उससे मिलने के लिए भेजा तो बंधकों ने मिलने से इंकार कर दिया।

यह घटना अपने आप में अलग तरह की थी कैसे कोई बंधक खुद आजाद नहीं होना चाहते हैं। इस तरह की प्रवृत्ति को मशहूर क्रिमिनोलॉजिस्ट नील्स बेजोट ने नार्म्सस्ट्रॉग सिंड्रोम या स्टॉकहोम सिंड्रोम का नाम दिया। स्टॉकहोम सिंड्रोम में तीन तरह की स्थितियां बनती है। जब अपहरणकर्ता का झुकाव बंधकों से होता है या बंधकों का एकतरफा झुकाव अपहरणकर्ता से होता है या अपहरणकर्ता और बंधक दोनों एक दूसरे से सहानुभूति जताने लगाते हैं।

यदि भारत की बात करें तो स्टॉकहोम सिंड्रोम पर आधारित हाइवे, मदारी जैसी फ़िल्में बनाई गयी हैं पर असल एजेंडा विधु विनोद चोपड़ा द्वारा निर्देशित शिकारा, मणिरत्नम की रावण जैसी फिल्मों में दिखता हैं जिसमें हत्यारे और अपहरण करने वालों को निर्दोषता के जल से स्नान कराया गया है और नायिकाओं में मन में उनके प्रति आसक्ति भाव दिखाए गये हैं।

मार्क्सवादी स्टॉकहोम सिंड्रोम का सबसे अधिक प्रयोग महिलाओं पर करते हैं, भटके हुए लोगों के आवारा बदमाश चरित्र को रूमानी तरीके से प्रस्तुत करते हैं, अपने लक्ष्य की कथित महानता और उसे हासिल करने के लिए अपने कथित संघर्ष की कथाएं परोस-परोस कर वे शिकार की सद्भाव-तरंगों को दुगना-चौगुना कर लेते हैं। एक उदाहरण अमेरिका की एक महिला पैटी हर्स्ट का है। अमेरिका की अति-वामपंथी उग्रवादी संगठन सिम्बायोनीज़ लिबरेशन आर्मी ने पांच दशक पहले जब मशहूर प्रकाशक विलियम रेंडोल्फ़ हर्स्ट की पोती पैटी का अपहरण कर उसे बंधक बना लिया था। थोड़े समय बाद पैटी स्टॉकहोम सिंड्रोम की चपेट में आ गयी और इस तरह ब्रेनवाश हुआ कि उसने अपना नाम बदल कर तानिया रख लिया। पैटी ने अपने परिवार और पुलिस पर आरोप लगाना शुरू कर दिया, एसएलए के बदमाशों के साथ बैंक डकैतियां डालने लगी। दो साल बाद अमेरिका की पुलिस ने उसे पकड़ा तो उसने अपहरणकर्ताओं के ख़िलाफ़ कुछ भी कहने से मना कर दिया और सात साल के लिए जेल चली गयी। मुकदमे के दौरान उसके वकीलों ने दलील दी थी कि पैटी जानबूझ कर नहीं, बल्कि भावनात्मक जुड़ाव का शिकार हो जाने की वज़ह से अपराध में हमसफ़र बन गई थी। इस आधार पर बिल क्लिंटन ने समय से पहले उसे रिहा कर दिया।

ऐसा एक और उदाहरण मिलता है जब सद्दाम हुसैन के साथ रहने वाले अमेरिकी सुरक्षा कर्मियों को उससे लगाव हो गया था। 30 दिसंबर 2006 को जब बगदाद में अमेरिका के सैनिकों ने हथकड़ी में जकड़े सद्दाम को फांसी देने वाले जल्लाद को सौंपा तो इन सुपर ट्वेल्व सैनिकों की आंखों में आंसू थे।

14

सत्योत्तर (पोस्ट ट्रुथ) सिद्धांत

सत्य क्या है इससे घटना का कोई भी मतलब नहीं है बल्कि वामपंथियों ने अपनी कही गयी बातों को ही सत्य बताना शुरू किया। असत्य को तमाम एजेंसियों द्वारा सत्य के रूप में स्थापित किया जाने लगा। लोगों के ऊपर विभिन्न माध्यमों से यह दबाव डाला जाने लगा कि वे उसे ही सत्य माने जो वामपंथियों ने कहा और लिखा। उसके लिए तमाम हिंसक, षड्यंत्रकारी और मिथ्या परिणामों के भय दिखाने वाले तौर तरीके अपनाये गये।

प्रथम विश्व युद्ध की अत्यधिक सरल साम्यवादी व्याख्या पूँजीवाद बनाम सर्वहारा वर्ग के संघर्ष के रूप में की गयी। इसके भारी विनाश ने मार्क्सवाद के लेनिनवादी संस्करण के लाखों अनुयायियों को आकर्षित किया। जब 1939 अगस्त के सोवियत-जर्मन गैर-आक्रामक समझौते और 1941 जून में सोवियत संघ पर जर्मन हमले के बीच सोवियत संघ नाजी जर्मनी के साथ आंशिक रूप से संबद्ध था, तो द्वितीय विश्व युद्ध को साम्राज्यवादी युद्ध कहा गया था जबकि सोवियत और अमेरिका एक साथ एक तरफ से लड़ रहे थे।

1930 के दशक की विश्वव्यापी मंदी को अतिरिक्त मूल्य सिद्धांत और सर्वहारा वर्ग की बढ़ती गरीबी के अपरिहार्य परिणाम के रूप में समझाया गया था। इसने झूठे दावों को बल दिया कि सोवियत संघ एक समृद्ध और लोकतांत्रिक समाज था। पत्रकारों द्वारा वामपंथ समर्थक प्रचार किये गये, उन्होंने वही देखा जो उन्हें दिखाया गया या जो वे देखने के लिए कृतसंकल्प थे, इसका शेष दुनिया पर बड़ा प्रभाव पड़ा। एक दिलचस्प उदाहरण एडगर स्नो की किताब रेड स्टार ओवर चाइना[9] में दिया गया है जिसमें

माओ और चीनी कम्युनिस्टों का महिमामंडन किया गया है। यह चीनी कम्युनिस्टों को इतना पसंद आया कि उन्होंने इसका चीनी भाषा में अनुवाद करवाया।

एक अन्य उदाहरण वाल्टर डुरैंटी का है जिन्होंने न्यूयॉर्क टाइम्स में 1934 के यूक्रेनी अकाल का खंडन किया और साथ ही मॉस्को में ब्रिटिश दूतावास को अकाल के बारे में बताया। चूंकि उन्होंने वही लिखा जो वाम प्रतिष्ठान पढ़ना चाहता था, इसलिए उन्हें पुलित्जर पुरस्कार मिला। ऐसे वाकये भारत के साथ तो प्रायः होते रहते हैं। वर्ष 2020 का पुलित्जर पुरस्कार जम्मू-कश्मीर के तीन पत्रकारों को फीचर फोटोग्राफी के लिए दिया गया। इस पुरस्कार को देते समय इस बात का उल्लेख किया गया कि जम्मू-कश्मीर के तीन फोटो पत्रकारों को धारा 370 के अधिकतर प्रावधान हटाए जाने के बाद क्षेत्र में जारी बंद के दौरान सराहनीय काम करने के लिए सम्मानित किया गया। ये पत्रकार एक विदेशी समाचार एजेंसी से जुड़े हुए थे। संस्था द्वारा जिन फोटो के कारण इन फोटो पत्रकारों का पुरस्कार के लिए चयन किया गया है, उन सारे फोटो के जो कैप्शन हैं, इसमें एक चित्र है, जिसमें नीचे कैप्शन लिखा गया है कि 11 साल के बच्चे को भारतीय सेना ने मार दिया है, लेकिन वास्तविकता इसके विपरीत है। आतंकवादियों ने बच्चे को बंधक बनाने के बाद हत्या कर दी थी।[10]

अंतर्राष्ट्रीय पुरस्कारों की सभी कहानी एक तरह की हैं। यह आज से नहीं बल्कि कई दशकों से चल रहा है। पुरस्कार देने के पीछे गहरी साजिश व राजनीति रहती है, इसके जरिये असत्य को सत्य के रूप में स्थापित करना और उसे वैध रूप देना होता है। बुकर और मैग्सेसे सम्मान भी इससे अछूते नहीं हैं। पुरस्कारों के माध्यम से भारत, भारतीय संस्कृति, भारतीयता विरोधी लोगों को प्रोजेक्ट और प्रोत्साहित किया जाता है और उसके बाद उन्हीं के माध्यम से भारत को नीचा दिखाने का काम किया जाता है। पत्रकारों, कलाकारों और साहित्य जगत में लेखको को आकर्षित करने वाले अधिकाँश पुरस्कार वामपंथी एजेंडा को प्रोत्साहित करते हैं। पुरस्कारों और सम्मानों का मायाजाल अत्यंत आकर्षक है। यह एक किस्म का वामपंथी हनी ट्रैप है जो उपजाऊ मस्तिष्क को अपने खेमे की और खींचता है।

भारत में तमाम ऐसे लोग जो भारत की सांस्कृतिक परम्परा के विरुद्ध साहित्य रचते हैं उन्हें बुकर पुरस्कार से लेकर अन्य पुरस्कारों के योग्य

समझा जाता है। एक लम्बी लिस्ट है जिसमें अरुंधति राय से लेकर अरविन्द अडिगा जैसे लोग शामिल हैं। इस क्रम में अरविन्द अडिगा की पुस्तक द व्हाईट टाइगर[11] का एक संवाद यहाँ देखा जा सकता है,

> "मेरे देश में किसी कहानी की शुरुआत किसी उच्च शक्ति से प्रार्थना करके करना एक प्राचीन और सम्मानित रिवाज है।
> "मुझे लगता है, महामहिम, कि मुझे भी किसी भगवान की गुदा को चूमकर शुरुआत करनी चाहिए।
> "हालांकि, किस भगवान की गुदा? यहां कई विकल्प मौजूद हैं।
> "देखो, मुसलमानों का एक ही ईश्वर है।
> "ईसाइयों के तीन ईश्वर हैं।
> "और हम हिंदुओं के पास चुनने के लिए 36,000,004 हैं।"

इन पुस्तकों का विषय सांस्कृतिक ध्वंस के सहारे संस्कृति विहीन समाज का निर्माण है। मार्क्स का वर्ग विहीन स्वप्न नव मार्क्सवादियों के लिए संस्कृति विहीन समाज है। चूँकि संस्कृति के आधार पर सभ्यताएं निर्मित होती हैं इसलिए वामपंथियों का एक छिपा हुआ लक्ष्य सभ्यताओं को असभ्यताओं में बदल देना भी है। बदलाव के तौर तरीके यदि फ्रायड के शब्दों में कहे जाएँ तो वे लस्टफुल अर्थात कामेच्छाओं को उत्तेजित करने वाले होते हैं इसलिए वे रोमांटिक और आकर्षक लगते हैं। यहाँ तक की जिसकी संस्कृति का विनाश करने में मार्क्सवादी लगे हैं वह भी इन मार्क्सवादियों का अंध समर्थन करता है।

एक असत्य को प्रत्येक विधा द्वारा उसे सत्य बताना वामपंथियों की अचूक चाल होती है। एक उदाहरण और देता हूँ, भारत में राम को लेकर तमाम असत्य प्रतिमान गढ़े गए और उसे साहित्य, सिनेमा, विज्ञापन, दर्शन, डिबेट, कोचिंग, स्कूल, कॉलेज, विश्वविद्यालय जैसे विभिन्न माध्यमों द्वारा प्रसारित किया गया ताकि असत्य प्रतिमानों को सत्य बनाया जा सके या उसके चलते सत्य कथन को धुंधला किया जा सके।

सत्योत्तर सिद्धांत का एक नया अनुप्रयोग सोशल मीडिया पर रील मेकिंग के रूप में सामने आया है, विभिन्न विषयों पर रील बनाकर उन्हें सत्य घटना के तौर पर दिखाया जा रहा है ताकि अपने नरेटिव को स्थापित किया जा सके।

15

आलोचनात्मक नस्लीय सिद्धांत या क्रिटिकल रेस थ्योरी

नस्लीय सिद्धांत अमेरिका में सांस्कृतिक मार्क्सवादियों का एक धारदार टूल बनाकर सामने आया है। इसकी प्रत्यक्ष परिभाषा उस सिद्धांत के रूप में है जो स्कूल और कॉलेज में इस बात की चर्चा करती है कि अमेरिका अलग-अलग नस्ल के लोगों से मिलकर बना है और सभी नस्लों का समान रूप आदर सम्मान होना चाहिए लेकिन क्रिटिकल रेस थ्योरी आगे यह कहती है कि नस्लवाद अमेरिका के कानूनी और सामाजिक प्रणालियों को प्रभावित करता है। यहीं से इस सिद्धांत का छिपा एजेंडा सामने आता है जिसके अनुसार गोरी नस्ल एक विलेन है जो समाज में काले नस्ल के लोगों के लिए घातक है और वर्तमान समय के गोरी नस्ल वाले बच्चों में इस बात को स्थापित किया जा रहा है कि कि अमेरिका में नस्लभेद के लिए केवल गोरे लोग ही उत्तरदायी हैं, उनमे अपनी नस्ल को लेकर अपराधबोध भरने का काम संस्थागत तरीके से हो रहा है।

पिछले कई वर्षों में अमेरिकी कॉलेज परिसरों से जो वीडियो आये हैं उनमे छात्रों को उन शब्दों और वाक्यांशों को दोहराते हुए दिखाया गया है जो क्रिटिकल थ्योरी और क्रिटिकल रेस थ्योरी के केंद्रीय तत्व हैं। नस्ल सिद्धांत के मूल में छात्रों को हिंसक गतिविधियों में शामिल होने और निषिद्ध बातों को नारे के रूप में लगाने को कहा जाता है। जो बात मार्क्सवादी नहीं कह पाता उसे वह छात्रों से कहलवाता है। उदाहरण के लिए, अप्रैल 2018 में, छात्र कोलंबिया विश्वविद्यालय की बटलर लाइब्रेरी के अंदर एकत्रित

होकर कोलंबिया को उपनिवेश मुक्त करें चिल्ला रहे थे, जिसमें क्रिटिकल रेस थ्योरी के विचार का जिक्र किया गया था कि श्वेत व्यक्तियों द्वारा लिखी गई पुस्तकों को स्कूल पाठ्यक्रम से हटा दिया जाना चाहिए और उन्हें प्रतिबंधित कर देना चाहिए।

यही कार्य भारत में भी हो रहा है, रामचरित मानस का विरोध एक राज्य के शिक्षामंत्री द्वारा जिस तरह से किया गया उससे उत्साहित होकर वामपंथियों ने हाथों-हाथ इस विषय को लेकर असमानता के नाम पर एक चर्चित मुद्दा बना दिया। बाद में उस वामपंथी शिक्षामंत्री जो एक प्रोफेसर भी था, का एक वीडियो भी सामने आया जिसमें वह जॉर्ज लुक्कास की भांति अपने उद्देश्यों को छिपा कर जनता के हित के नाम पर भारतीय संस्कृति के ताने बाने को ध्वस्त करने की बात करता देखा गया। क्रिटिकल रेस थ्योरी यह विश्वास है कि अमेरिका व्यवस्थित रूप से नस्लवादी और दमनकारी है, अपनी स्थापना के बाद से ही ऐसा है, और सभी नस्लीय असमानताएं उसी का परिणाम हैं। उन समस्याओं को हल करने का एकमात्र तरीका गोरों और पुरुषों के खिलाफ कानूनी रूप से संस्थागत भेदभाव करना है।

बहुत चालाकी से अमेरिकी समाज सहित पूर्व के उदारवादी समाजों जिसमें भारत प्रमुख है, को ध्वस्त करने की योजना वामपंथियों द्वारा निर्मित की गयी है जो देखने में बिलकुल सामान्य और न्यायपूर्ण लगती है किन्तु जब इसमें शामिल लोग मंच के पीछे बात करते हैं तब उनके छिपे इरादे बाहर आ जाते हैं। अमेरिका भारत और यूरोप के कुछ देशों में अशांति फैलाकर ये अपनी योजनाओं को मूर्त रूप देना चाहते हैं बाकी सुविधानुसार वक्तव्य देने में इन लोगों का कोई तोड़ नहीं है। एक ही विषय पर ये पूरी निर्लज्जता के साथ अलग-अलग मत रखते हैं और उसकी सत्योत्तर व्याख्या करते हैं।

भारत के वामपंथी इसे जाति पर लागू करने के प्रयास में हैं, वे कहते हैं भारत में जाति नस्ल जैसा ही एक तथ्य है जिसके बारे में सामान्य रूप से स्कूल कॉलेज में यह पढ़ाया जाता है कि भारत में विभिन्न जातियां रहती हैं सभी जातियों में परस्पर आदर सम्मान होना चाहिए किन्तु किसी एक जाति का वर्चस्व सभी जातियों पर है। वे भारत में ब्राह्मणवाद पर आरोप लगाते हैं कि इसी जाति का वर्चस्व देखने को मिलता है। वामपंथियों के हर प्रदर्शन में ब्राह्मणवाद मुर्दाबाद के नारे लगाए जाते हैं। कुछ दिन पहले

सम्पन्न हुए दिल्ली के एक तथाकथित वामपंथी विचाराधारा वाले विश्वविद्यालय में ब्राह्मणवाद मुर्दाबाद के साथ अब इसमें बनियावाद मुर्दाबाद का नाम और जोड़ दिया गया है।

भारत के एक राजनेता नस्लीय सिद्धांत को भारत में लागू करने की बात कहते हैं। अपनी बात को रेखांकित करने के लिए उन्होंने भारत के आईआईटी-जेईई की तुलना अमेरिकी एसएटी या स्कॉलास्टिक असेसमेंट टेस्ट से करते हुए सुझाव दिया कि भारत में आईआईटी प्रवेश परीक्षा की तैयारी दलितों द्वारा की जानी चाहिए ताकि अधिक वंचित छात्र इन संस्थानों में प्रवेश ले सकें। उन्होंने यह वर्णन करना जारी रखा कि कैसे गोरों द्वारा डिज़ाइन किए गए अमेरिकी एसएटी में शामिल प्रश्न अफ्रीकी अमेरिकियों और लैटिन अमेरिकियों के प्रति नस्लीय रूप से पक्षपाती थे।अपनी वीडियो क्लिप में वह कहते हैं: "यह कई वर्षों तक चलता रहा। फिर एक दिन एक प्रोफेसर ने कहा कि मुझे कुछ आज़माने दो। उन्हें वही कागजात मिले जो अफ्रीकी अमेरिकियों द्वारा लिखे गए थे। उन्होंने अफ्रीकी-अमेरिकियों से दस्तावेज़ लिखवाने का निर्णय लिया। और जब उन्होंने परीक्षा दी तो क्या आप जानते हैं कि क्या हुआ? सभी गोरे विफल रहे।" वास्तविकता तो यह है कि एसएटी मॉडल किसी दूसरे उद्देश्य के लिए 1926 में बनाया गया था और अब इसका उपयोग भी नहीं होता है लेकिन उस नेता को छद्म सत्य को सत्य की तरह दिखाना था और शेष समुदाय को अपराधी बताना था ताकि चुनाव में उनके दल को फायदा हो। एक और समकालीन उदाहरण से बात को और स्पष्ट रूप से समझा जा सकता है।

भारत में राममंदिर के पुनर्निमाण को नस्लवादी उदाहरण बताने वाले वामपंथी हागिया सोफिया पर एक शब्द नहीं बोलते। उसका कारण यही है कि भारतीय समाज एक उदारवादी समाज है जो अपनी आलोचना को भी सहज तरीके से लेता है जबकि सच तो यह है कि तुर्की के इस्ताम्बुल में स्थित छठी शताब्दी में निर्मित एक पूजास्थल है जो मूलतः एक चर्च था जो बाद में रोमन कैथलिक कैथेड्रल, फिर मस्जिद, फिर संग्रहालय और पुनः मस्जिद में बदल दिया गया। इसका निर्माण रोमन सम्राट जस्टिनियन प्रथम के काल में सन 537 ई में हुआ था अर्थात यह इमारत उस समय की है जब इस्लाम आया ही नहीं था। सन् 1453 की कुस्तुनिया विजय के बाद उस्मान बाइजेंटाइन ने उसे मस्जिद में बदल दिया। 1935 में कमाल

अतातुर्क ने मस्जिद के स्वरूप से भिन्न उसे संग्रहालय बना दिया था जिसके बाद कट्टरपंथियों ने जुलाई 2020 में पुनः मस्जिद के रूप में परिवर्तित कर दिया। भारत में राम मंदिर के नाम पर शोर मचाने वाले सांस्कृतिक मार्क्सवादियों के निशाने पर केवल उदारवादी समाज है, कट्टर और कबीलाई समाज में ये घुसपैठ नहीं करते।

वामपंथियों का नस्लवादी सिद्धांत चीन में जाकर लोप हो जाता है जहाँ पर उइगर मुसलमानों को केवल पहचान संकट के कारण डिटेंशन कैम्पों में रखा जा रहा है, उन्हें तरह तरह की प्रताड़नाएं दी जाती हैं। एक भी वामपंथी पत्रिका खुलकर इस पर नही लिखती, अगर लिखती है तो कुछ इस तरह के नैरेटिव के साथ कि जिसमें “चाहिए” शब्द बहुत बार आये। गल्फ देशों के क़ानून से लेकर उत्तरी अफ्रीकी देशों के आतंकवादी संगठनों के बारे में यह सिद्धांत मौन है। ऐसा क्यों है इसका बहुत कुछ उत्तर ब्लैक लाइव मैटर थ्योरी में मिलता है।

16

ब्लैक लाइव्स मैटर सिद्धांत

यह संभव है ब्लैक लाइव्स मैटर के बारे आपने 2020 में सुना हो परन्तु गोल्डबर्ग ने 1996 में स्कूल ऑफ यूनिटी एंड लिबरेशन (SOUL) की स्थापना कर इसकी शुरुआत कर दी थी जहां सात साल बाद, ब्लैक लाइव्स मैटर की संस्थापक एलिसिया गार्जा ने बाईस साल की उम्र में अपना मार्क्सवादी प्रशिक्षण शुरू किया था। दुर्भाग्यवश साल 2020 में अमेरिका के एक व्यक्ति की एक पुलिसकर्मी द्वारा मृत्यु के बाद पूरे देश भर में भड़क रहे विभाजनकारी आलोचनात्मक नस्लीय सिद्धांत बीएलएम की विकृत विरासत के रूप में स्पष्टतया सामने आया। मृतक व्यक्ति के मृत्यु के लिए सारे कारण हटाकर सिर्फ एक कारण बताया गया कि वह अश्वेत था इसलिए उसकी हत्या कर दी गयी जबकि वह एक दुर्घटना जैसा कुछ था। उसकी हत्या इसलिए हुयी क्योंकि पुलिसकर्मी एक श्वेत था, इस तरह के नैरेटिव से सोशल मीडिया और मेनस्ट्रीम मीडिया भर गया। अमेरिका जल उठा तत्कालीन राष्ट्रपति ट्रम्प को वाइट हाउस के बंकर में छिपना पडा और अंततः उन्हें अपनी कुर्सी चुनाव में गंवानी पड़ी। उस घटना से वामपंथ को एक नई संजीवनी मिल गयी जिसकी तलाश वे वर्षों से कर रहे थे।

ब्लैक लाइव्स मैटर के सहारे पूरी दुनिया में मार्क्सवादियों ने एक बार फिर अपनी पहुँच बनाई। भारत के वामपंथियों ने 2020 में बड़े जोर शोर से उस घटना को भारतीय सामाजिक परिप्रेक्ष्य में भुनाना शुरू किया। वामपंथी पत्रिकाएं और वेब साइट्स जातिगत एजेंडा लेकर खड़े हो गये। राजस्थान न्यायालय में लगी मनु की मूर्ति को खंडित करने की मुहिम चलाई गयी। अगड़ों की कब्र खुदने और फैज के तराने हवाओं में गूंजने लगे। सब बुत गिरवाये

जायेंगे के गीत ढफली के साथ बजने लगे। जॉर्ज फ्लॉयड की मृत्यु का शोर अभी थमा न था कि इसी बीच एक खबर आती है कि उत्तर प्रदेश के जौनपुर में दलितों के घर फूंक दिए गए हैं। इस खबर पर वामपंथियों को आसमान सर पर उठा लेना था पर वे चुप रहे क्योंकि फूंकने वाले तथाकथित वामपंथियों की परिभाषा में सबाल्टर्न यानी भारत के अल्पसंख्यक समूह से थे।

एक मार्के की बात है कि इन लोगों के लिए अपराध और अन्याय एक व्यक्तिगत और सेलेक्टिव विषय है जिसका समूह के उद्देश्यों और उसकी संरचना पर कोई असर नहीं पड़ता है। फर्ज करिए कि इनके समूह का कोई व्यक्ति किसी महिला के साथ बलात्कार करने का आरोपी पाया जाता है तो वह उस घटना और और उस व्यक्ति के सन्दर्भ में एक शब्द नहीं बोलेंगे। वे अन्याय और अपराध करने वाले उस व्यक्ति को अपने संगठन से निकालेंगे भी नहीं उल्टा उसकी सहायता ही करेंगे क्योंकि वह व्यक्ति जितने भी अपराध करे, अन्याय करे, शोषण करे, है तो उनके ही समूह का और इस लिहाज से समूह उनके साथ प्रतिबद्धता के साथ खड़ा रहता है।

मार्क्सवाद अपराधी और पीड़ित को वामपंथ नस्ल, जाति और धर्म से जोडकर देखता है और दावा करता है कि वह समानता की बात करता है। शायद यही दोहरापन मार्क्सवाद की कोर पहचान है। जब तक ये ताकतवर नहीं होते अपने को दीन हीन साबित करते रहेंगे जैसे ही ये संख्या में ज्यादा और मजबूत हुए खूनी क्रान्ति का आह्वाहन करते इन्हें तनिक भी देर नही लगती है।

गार्ज़ा लिखती है कि हम अमेरिका को व्यवस्थित करने के तरीके को बदलने की बात कर रहे हैं, ताकि हम वास्तव में उस न्याय को प्राप्त कर सकें जिसके लिए हम लड़ रहे हैं। वह आगे कहती है कि हम सभी को इस समाज के संगठनात्मक स्वरुप को खत्म करने के लिए काम करना है, जो सभी के लिए असमानताएं पैदा करता है, यहां तक कि गोरे लोगों के लिए भी। गार्जा के वक्तव्य में मार्क्स के खूनी क्रांति की बू है। एक समूह का न्याय दूसरे समूह के प्रति घृणा पर आधारित है। इस आन्दोलन की एक खतरनाक बात यह है कि यह इस बात को स्थापित करने की कोशिश में है कि अश्वेत अपराधी को अपराधी इसलिए नहीं माना जाना चाहिए क्योंकि वह अश्वेत है और श्वेत जन्म से ही वर्चस्व बनाए रखने वाली मानसिकता रखने वाले अपराधी होते हैं।

कितनी हास्यास्पद बात है कि गोरे लोगों के लिए असमानताएं बीएलएम ही दूर कर सकता है, यानी श्वेत अपने प्रति घृणा को पनपने दें इसी में उनकी प्रगति है, इसी के जरिये वे समाज में समान रूप से विकास करेंगे! अश्वेत को औरों जैसे सामान्य जीवन जीने की बजाय अनायास ही उसे दैन्यता आरोपित करने का प्रयास किया जा रहा है।

जब हमने लोकतंत्र की स्थापना की और एक लम्बे समय के संघर्ष के बाद सामाजिक समरसता और सभी के लिए सामान अधिकार की स्थापना कर पाए हैं तो ऐसे में आगे बढ़ने की जगह अतीत के प्रेत को फिर से जगाकर उसी पुरानी घृणा वाली व्यवस्था के लिए संघर्ष करना कितना न्यायोचित होगा। अमेरिका में अश्वेत राष्ट्रपति बनता है, न्यायाधीश से लेकर सभी महत्वपूर्ण पदों पर काबिज होता है तो ऐसा नही लगता कि उनकी उपलब्धियों के पीछे बीएलएम आन्दोलन की अनिवार्यता होगी। ये सभी लोग अपनी मेहनत और संघर्ष कर आगे बढे हैं। इन्हें बीएलएम की उपज कहना इनके श्रम और प्रतिभा का अपमान है।

मार्क्सवाद को सांस्कृतिक मार्क्सवाद ने श्रमिक पूँजीपति से हटाकर श्वेत अश्वेत पर लाकर खड़ा कर दिया। वह दौर बीत गया जब कोई मालिक और कोई दास सिर्फ जन्म के आधार पर होता था। समाज इवॉल्व कर रहा है पर वामपंथी अभी भी 1848 में खड़े हैं।

अमेरिका में वामपंथ लगातार हिंसक और मजबूत हो रहा है। एंटीफा और एसएलए जैसे संगठन अमेरिका को हिंसा के गर्त में धकेलने की भरसक कोशिश में हैं। चुनाव परिणाम को प्रभावित करने की हैसियत में वामपंथी संगठन आ गये हैं इससे अमेरिकी उदारवादी समाज के लिए संकट उत्पन्न हो गया है। इन सबको देखकर एक आशंका यह होती हैं कहीं अमेरिका गृहयुद्ध के जाल में न फंस जाए और उसकी गति भूतपूर्व सोवियत संघ जैसी न हो। वामपंथ की ख़ास बात उसका दोहरा मापदंड और बेशर्मी है। यदि शोषण का विरोध करेगा तो शोषक बन जाएगा, पूँजीवाद के विरोध के दौरान लूट का महिमामंडन करेगा। तानाशाही का विरोध करते करते तानाशाही करने लगेगा, नस्लवाद और जातिवाद का विरोध करते हुए स्वयं ही नस्लवाद और जातिवाद को प्रोत्साहित करने वाले कार्यक्रम आयोजित करेगा। अब प्रोजेक्ट 1619 के सहारे वामपंथ अमेरिकी इतिहास को पुनः लिखने की तैयारी कर रहा है।

17

प्रोजेक्ट 1619

चार सौ साल पहले, अफ़्रीका से पहले ग़ुलाम लोग वर्जीनिया कॉलोनी में आये थे, इसी को आधार बना कर यह परियोजना एक विशेष विमर्श को स्थापित करने के लिए बनाई गयी। अमेरिकी गुलामी की सालगिरह मनाने के लिए, न्यूयॉर्क टाइम्स पत्रिका ने गुलामी के चश्मे से अमेरिका के इतिहास को फिर से परिभाषित करने के लिए 1619 प्रोजेक्ट लॉन्च किया जिसकी शुरुआत निकोल हन्ना जोंस ने की।

यह परियोजना अमेरिका में गुलामी के विरासत का विवरण देती है। परियोजना का पहला प्रकाशन अगस्त 2019 के न्यूयॉर्क टाइम्स पत्रिका में था। परियोजना ने एक शैक्षिक पाठ्यक्रम विकसित किया, जो पुलित्जर सेंटर द्वारा समर्थित था। मार्क्सवादी साहित्य पर पुलित्जर अधिक मेहरबान रहता है इसलिए इस प्रोजेक्ट का उनके द्वारा समर्थन करना आश्चर्य नही पैदा करता है।

परियोजना ने अमेरिकन गुलामी की विरासत की पुन: जांच के लिए न्यूयॉर्क टाइम्स पत्रिका का एक अंक समर्पित किया। यह फ़्रेमिंग इस विचार को चुनौती देता है कि अमेरिकी इतिहास 1776 में स्वतंत्रता की घोषणा पर हस्ताक्षर करने के साथ शुरू हुआ, जिसने संयुक्त राज्य अमेरिका का निर्माण किया।

इस प्रोजेक्ट के अनुसार अमेरिका में गोरे अंग्रेजों के आने से पहले काले गुलाम लाये गए थे। इस परियोजना को बनाने वालों का दावा है कि वाइट लायन नामक जहाज से काले अफ्रीकी जोकि गुलाम बनाकर यहाँ लाये गये थे, वर्जिनिया में उतरे और उन्होंने अमेरिका का निर्माण किया जबकि सच

यह है कि वाइट लायन से पहले उत्तरी अमेरिका में यूरोपीय लोग और उनके अनुबंधित नौकर, जो कि ज्यादातर गरीब यूरोपीय थे, रहते थे। मेफ्लावर वाइट लायन का समकालीन जहाज था जो अंग्रेज परिवारों को अमेरिका ले आया था। प्रोजेक्ट 1619 के द्वारा अमेरिका को गृह युद्ध में झोंकने की तैयारी हो रही है।

वामपंथियों की यही खासियत है कि वे हर झूठ को बड़े तथ्यात्मक होकर कहते हैं। एक झूठ सोचता है, दूसरा उसको लिखता है, तीसरा उसको छापता है, चौथा उसकी व्याख्या करता है, पांचवा उसका फैक्ट चेक कर उसे सही सिद्ध करने की घोषणा करता है, असत्य अब सत्य का मुखौटा डाले सत्य को ही असत्य बनाकर खारिज करता है और यही उनका एक बौद्धिक विमर्श है।

मेफ्लावर से भी पहले क्रिस्टोफर कोलंबस अपने साथ कुछ अफ्रीकियों को अमेरिका ले आया था जो वहीं बस गए थे। बहरहाल वामपंथियों को नैरेटिव बनाने का जबरदस्त प्रशिक्षण मिलता है लेकिन इस प्रोजेक्ट से अमरीकी संघवाद अपने को कितना सुरक्षित रख पायेगा यह तो समय ही बता सकेगा। लोकतंत्र में मत की कीमत कभी कभी देश की एकता को खोकर चुकानी पड़ती है।

आज अमेरिका के हालत देखकर यही लगता है। भारत की भी स्थति बहुत भिन्न नहीं है। यहाँ पर मूल निवासियों के नाम पर जो खेल हो रहा है वह देश की अखंडता के लिए घातक है। अपराधियों और क्रूर हत्यारों का महिमा मंडन विश्वविद्यालयों से लेकर सुदूर गाँवों में होता देख सकते हैं।

जवाहरलाल नेहरु विश्वविद्यालय में गोमांस और महिषासुर महोत्सव जैसे कार्यक्रम प्रोजेक्ट 1619 के समांतर ही देखे जाने चाहिए हालाँकि भारत और अमेरिका के सामाजिक ढांचे में बहुत अंतर है किन्तु वामपंथियों का पैटर्न एक जैसा ही है।

प्रोजक्ट 1619 से जो बातें निकल कर आती हैं उनके अनुसार,

1. लोकतंत्र के आदर्श लिखने वाले उसके संस्थापक झूठे थे।
2. अश्वेत अमेरिकियों ने ही अमेरिका बनाने के लिए संघर्ष किया है।
3. अमेरिकी पूँजीवाद क्रूर है।
4. अमेरिकी इतिहास में आजादी का संघर्ष 1619 से शुरू होता है ना कि 1775 से।

5. अश्वेतों का अमेरिका पर प्राकृतिक हक़ है और उन्होंने अमेरिका का निर्माण किया।

सवाल उठता है कि यदि अमेरिकी पूँजीवाद क्रूर है तो वहां अश्वेत और सबाल्टर्न राष्ट्रपति पद तक कैसे पहुचे? पूँजीवाद की अपनी बुराइयां है पर वामपंथ को उसके मुकाबले एक आदर्श व्यवस्था बनाकर कैसे प्रस्तुत किया जा सकता है? क्या वामपंथ पूँजीवाद से कम क्रूर है।

18

पूँजीवादी मार्क्सवाद

वामपंथ जिस विषय का विरोध करता है, उसका आधार उस विषय की कमियों को लेकर नहीं होता बल्कि उस विषय द्वारा अर्जित शक्ति, गुण और लोगों द्वारा उसके पालन को लेकर कुंठा के कारण होता है और इसलिए वामपंथी विरोध कुछ समय बाद स्वयं को उस विषय जैसे बदल जाने में होता है। पूँजीवाद विषय का विरोध करते घोर पूँजीवादी हो जाना, नारीवाद का घोर नारी द्वेष में बदल जाना, नास्तिकता का कट्टर मजहबी रूप ले लेना या किसी अन्य विश्वास में बदल जाना, आजादी का मनपसंद गुलामी में बदल जाना वामपंथ का प्रमुख चरित्र है।

पूँजीवाद की बुराइयों के सहारे मार्क्सवाद फलता फूलता है इसलिए वह पूँजीवाद को प्रोत्साहित करता है ताकि उसका अस्तित्व बना रहे। मार्क्सवादी दीनता, जाहिलियत और गरीबी बनाए रखना चाहते हैं ताकि वे प्रासंगिक बने रहें। द्वितीय महायुद्ध के बाद जब शक्ति संरचना बदल गयी और दुनिया दो हिस्सों में बंटी तो यूरोपियन और खासकर अमेरिकी देशों ने वामपंथी तौर तरीकों को अविकसित और विकाशसील देशों को नियंत्रित करने में लगाया जिससे पूँजीवादी मार्क्सवाद का जन्म हुआ। हालाँकि बाद में मार्क्सवादियों द्वारा भी ओपन पॉलिसी को अपना कर इस सिद्धांत पर मुहर लगा दिया।

प्रायः वामपंथी मानवाधिकारों के बड़े हिमायती प्रतीत होते हैं। हर वामपंथी संस्था व्यक्ति के निजी मामलों से लेकर राज्य के मसलों में मानवाधिकार के नाम पर घुसपैठ करती है। मानवाधिकारों की उत्पत्ति और कार्यान्वयन के पीछे का लब्बोलुआब जान लीजिये कि मानवाधिकार

पूँजीवादी वामपंथ का ही एक टूल है। शीतयुद्ध के दौरान एक राज्य का दूसरे राज्य के आन्तरिक मामलो में हस्तक्षेप दुष्कर था क्योंकि हर जगह एक समान शक्तिशाली अन्तराष्ट्रीय प्रतिरोध मौजूद होता था। 1949 के संयुक्त राष्ट्र संघ के घोषणापत्र में मानवाधिकारों की घोषणा की गई जो किसी भी देश की संप्रभुता के ऊपर तथाकथित मानव अधिकारों को मानती थी। सवाल यह है कि देश में नागरिक अधिकारों के होते हुए मानव अधिकारों की क्या जरूरत और इन्हें कार्यान्वित करने वाली शक्ति कौन होगी जो राज्य की संप्रभुता के ऊपर होगी। इसका जवाब नाटो देशों के पावर स्ट्रक्चर में था। एटम बम नही गिरा सकते तो मानव अधिकारों के बहाने घुसेंगे। जिस रूजवेल्ट ने पूरी परमाणु बम के कार्यक्रम की रूपरेखा बनाई उसी की पत्नी मानवाधिकार गठन कमेटी की पहली चेयरमैन थी और मनुष्य के अधिकारों की सार्वजनिक घोषणा के पाठ को डिजाईन किया।

ठीक इसी तरह पूँजीवादी वामपंथी संस्था पेटा का गठन हुआ जिसका उद्देश्य दुनिया को वीगन बनाना है पर इसका प्रच्छन्न उद्देश्य पशुओं की रक्षा के बहाने राज्य की गतिविधियों में हस्तक्षेप करने का नैतिक आधार प्राप्त करना है। बकरीद के अवसर पर बड़े पैमाने पर पशु बलि होती है, वहां पर यह संस्था मौन हो जाती है या छोटा मोटा पोस्टर बैठक जारी कर औपचारिकता पूरी कर देती है लेकिन तमिलनाडु के जल्लीकट्टू प्रतियोगिता में इसका मुखर होना देखते ही बनता है। वीगन के बहाने दूध उद्योग को नष्ट करना इन लोगों का लक्ष्य है जिससे दुधारू पशु का उपयोग समाप्त हो जाएगा।

एक विशेष बात यह देखने को मिलती है कि अधिकाशंतः वामपंथियों को फंडिंग यूरो- अमेरिकी देशों से होती है, जबकि अधिकांश आन्दोलन विकास शील देशों में होता है क्योंकि यह वैचारिक कचरा है जिसकी डंपिंग विकसित देश हमेशा तीसरी दुनिया के देशों में ही करते हैं हालांकि अमेरिका और यूरोप दूसरे देशों के लिए गड्ढा खोदने के क्रम में अब अपने ही द्वारा खोदे गड्ढे में गिर रहे हैं। विकाशसील देशों में चाहे ड्रग्स के कारोबार की बात हो, खान पान पहनावा और आचार विचार को लेकर आन्दोलन की बात हो, इन सबके पीछे पूँजीवादी मार्क्सवाद का सिद्धांत काम करता है। आन्दोलन के बहाने आदिवासियों को आगे करके, महिलाओं को आगे करके ये लोग

अपने हितों की पूर्ति करते हैं और बाद में आन्दोलन करने वाले तथाकथित वंचित वर्ग को अकेले मरने को छोड़ देते हैं।

वर्तमान में वामपंथ अनैतिक हो चुके पूँजीवादी धड़े का ही एक उपक्रम है जिसका प्रयोग विकाशसील देशों को नियंत्रित करने व अपने हिसाब से उनका प्रयोग करने में किया जाता है। इसी संदर्भ में एक घटना का उल्लेख करना प्रासंगिक होगा। जब स्कॉटलैंड और कुछ देशों में सूअर पालन जोरों पर था तो उनके मल के डिस्पोजल की भारी समस्या हो गयी थी, उन देशों और भारत के बीच एक पैक्ट हुआ जिसके अंतर्गत सूअरों के मल का डिस्पोजल भारत लाकर किया जाना था। कांडला पोर्ट पर दुनिया भर के जहाजों को कबाड़ के तौर पर लाना और उनका निस्तारण अपने आप में पर्यावरणीय समस्या पैदा करता है लेकिन विकसित देश अपने पर्यावरण को सही रखने के क्रम में यह सब विकासशील देशों में करना ज्यादा पसंद करते हैं। ठीक इसी तरह पेटा, मानव अधिकार, सेकुलरिज्म जैसे वैचारिक कचरों को भारत में डंपिंग किया जाता है। इसके लिए बाकायदा कचरेदान अकादमिक जगत से लेकर मीडिया, फिल्म इंडस्ट्री साहित्य क्षेत्र में तैयार और प्रशिक्षित किये जाते हैं। विकासशील देशों को विकसित होने से रोकने के लिए ही पूँजीवाद वामपंथी संस्थाओं को धरना प्रदर्शन को फण्ड देता है। भारत में पर्यावरण से लेकर सामाजिक मुद्दों पर तमाम ऐसी संस्थाएं हैं जिन्हें फंडिंग बाहर से होती है ताकि देश को विकास के पथ पर जाने से रोका जा सके।

हिप्पी आन्दोलन इसका एक और उदाहरण बनकर सामने आया। विचारधारा के मुखौटे के पीछे होशियार मार्क्सवादियों ने ड्रग्स का धंधा करने के लिए हिप्पी आन्दोलन को खूब बढ़ा चढ़ा कर प्रस्तुत किया। इसे गीत संगीत और फ्रेमलेस जीवन से जोड़कर वामपंथी वैचारिक पुट दिया। वामपंथियों का पूँजीवाद के साथ गठजोड़ का शिकार बने आम निर्दोष युवा जो स्वछन्द जीवन जीने की लालसा में नशे के शिकार बनते गये। वैश्विक आतंकवाद के फलने फूलने में पूँजीवादी मार्क्सवाद भी एक मुख्य कारण है।

वामपंथ को प्रगतिशीलता का मास्क पहनाकर पूँजी के सहारे एक आकर्षक तरीके से विकासशील देशों में प्रस्तुत किया जाता है ताकि विकास और समृद्धि के असल मायनों तक लोग न पहुँच सकें।

19

मार्क्सवाद को स्थापित करने के तरीके

मार्क्सवादी मान्यताओं के साथ समाज को कैसे समझया जाय और इसे कैसे विरूपित किया जाए, इसके लिए वामपंथियों के द्वारा एक खाका तैयार किया गया था ताकि उन पर नियंत्रण स्थापित कर सकें। इस प्रक्रिया का सबसे अच्छा निरूपण यूरी बेज़मेनोव[12] ने किया है जिसके पिता एक उच्च रैंकिंग वाले सोवियत सैन्य अधिकारी थे। बेज़मेनोव एक विशेष केजीबी विदेशी ऑपरेटर बनने के लिए प्रशिक्षित किया गया था। उसे भारत में वामपंथी घुसपैठ करने और वारसॉ संधि में लाने का प्रयास करने के लिए काम पर रखा गया था। उन्होंने सोवियत समाचार संगठन में भी काम किया, विदेशी मीडिया में प्रचार सामग्री का संपादन भी किया। वह आदमी ठीक-ठीक जानता था कि कैसे बिना एक भी गोली चलाए अमेरिका को परास्त किया जा सकता है, जैसा कि ख्रुश्चेव ने अपनी भविष्यवाणी में कहा भी था।

बेज़मेनोव को भारत बेशक भेजा गया था पर भारत की व्यवस्था और यहाँ के लोगों को देखकर वह अपने उद्देश्य से विचलित हो गया। उसने नव मार्क्सवाद के उन षड्यंत्रों को उजागर किया जिनके माध्यम से किसी समाज को मार्क्सवादी समाज में बदला जाता है। उसने बताया कि एक स्वतंत्र समाज चार चरणों में ढह जाता है;

1. मनोबल गिराना: मनोबल गिराने से उनका तात्पर्य एक ऐसी प्रक्रिया से है, जिसके द्वारा वामपंथी विचार के शिष्यों द्वारा नियंत्रित

स्कूलों में छात्रों को परंपरा से अलग मूल्यों और विश्वासों के एक समूह में शामिल किया जाता है। बेज़मेनोव का कहना है कि मनोबल गिराने की प्रक्रिया शुरू होने में 15-20 साल लगते हैं। 1960 और 1970 के दशक में भारत के वामपंथियों ने शैक्षणिक संस्थानों को नियंत्रित करना शुरू कर दिया था। उनका प्रोजेक्ट पारंपरिक नैतिकता, शास्त्रीय शिक्षा और देशभक्ति को उखाड़ फेंकना था। शैक्षणिक पाठ्यक्रम इस तरह से तैयार किये जाने लगे जिसमें सांस्कृतिक, बौद्धिक और वैचारिक विरासत को हीन, अवैज्ञानिक और अन्धविश्वासी बताया गया। उससे भी बदतर सांस्कृतिक मार्क्सवादियों ने न केवल हमारे स्कूलों में बल्कि हमारे मीडिया और मनोरंजन संस्थानों में भी देश, संस्कृति और परम्परा के खिलाफ जहर भर दिया है। अधिकतर फिल्म निर्माता हिंदू घृणा को सामान्य बनाकर प्रस्तुत करने के साथ 'रचनात्मक लाइसेंस' के नाम पर वर्जित विषयों पर अधिकतम फ़िल्में बनाने में शामिल रहे। न केवल फिल्मों बल्कि विज्ञापनों तक में भारतीय संस्कृति के गौरवशाली मान बिन्दुओं और प्रतीक चिन्हों को घटिया दिखाने की होड़ सी लग गयी।

2. वैचारिक तोड़फोड़: वैचारिक तोड़फोड़ एक मार्क्सवादी मनोवैज्ञानिक उपकरण है जिसका उपयोग विरोधी देश की जनता के बीच धारणाओं या सोच पैटर्न को इस तरह से बदलने के लिए किया जाता है कि राष्ट्र भीतर से कमजोर हो जाए जिससे उस पर जीत हासिल करना आसान हो जाए। बेज़मेनोव का कहना है कि केजीबी का 85% समय, पैसा और जनशक्ति वैचारिक विध्वंस पर खर्च होता है और केवल 15% खुफिया जानकारी जुटाने पर खर्च होता है। इसे सबसे सरल शब्दों में कहें तो, वैचारिक तोड़फोड़ मूल आबादी को धर्म, इतिहास, विरासत और संस्कृति सहित वैध और मूल्यवान परंपराओं के प्रति आशंकित करने का एक तरीका है जिससे जनता किसी विषय को लेकर भ्रमित हो जाये। किसी भी माध्यम से सरकारों की नीतियों के खिलाफ जनता को तैयार करना, नागरिकों के बीच फूट फैलाना और युवा पीढ़ी को पुरानी पीढ़ियों के खिलाफ करना वैचारिक तोड़फोड़ के कुछ सिद्धांत हैं जिन्हें केजीबी ने सन त्ज़ु की पुस्तक आर्ट ऑफ वॉर से उधार लिया है।

बेज़मेनोव का कहता है कि अस्थिरता की प्रक्रिया में 2 से 5 साल का समय लगता है। भारत के संदर्भ में, यह द्रविड़वाद, शहरी नक्सलवाद और

यहां तक कि उग्रवाद जैसे आंदोलनों के माध्यम से किया जा रहा है जो हम उत्तर पूर्व के क्षेत्रों के साथ पंजाब कश्मीर झारखंड छत्तीसगढ़ में देख सकते हैं।

शहरी नक्सली राष्ट्रविरोधी आंदोलन से देश को अस्थिर कर रहे है। जनता को लगता है कि ये उनके हित में काम करते हैं पर ये अपने छिपे हुए एजेंडा को आगे बढाते हैं, भारतीय लोकतंत्र की चुनावी प्रक्रिया और भाषण अभिव्यक्ति की स्वतंत्रता का फायदा उठाकर देशविरोधी जनमत बनाने की कोशिश करते हैं। भारत में संपन्न हुए 2024 के आम चुनावों में पंजाब और कश्मीर के अलगावादियों का चुनाव में भाग लेना वैचारिक तोड़ फोड़ का सफल प्रयोग है।

3. संकट: यह समय 2 से 6 महीने के भीतर का होता है जब भीषण संकट उत्पन्न होने की संभावना बन जाती है। यह वर्तमान व्यवस्था के प्रति मोहभंग की भावना पैदा करने में भी मदद करता है। 2011 में भारत में एक आन्दोलन हुआ लेकिन उस आन्दोलन से देश की सामाजिक सांस्कृतिक संरचना पर अधिक प्रभाव नही पड़ा तो राजनीतिक आन्दोलन की बजाय 2014 के बाद की चुनी सरकार के प्रति लगातार अलग अलग मुद्दों को लेकर लम्बे और हिंसक आन्दोलन की रणनीति अपनाई गयी। कभी भूमि अधिग्रहण के नाम पर, कभी नागरिकता अधिनियम के नाम पर, कभी किसान आन्दोलन के नाम पर देश में अस्थिरता का बड़ा संकट खड़ा किया गया। एक बार भारत की राजधानी दिल्ली के लाल किले पर कब्जा करने की भी कोशिश हुयी। इससे स्पष्ट है कि देश को संकट में डालने के लिए स्थानीय वामपंथी किसी सीमा के पार जाने को तैयार हैं।

4. सामान्यीकरण : सामान्यीकरण के चरण में, पारंपरिक मूल्यों को मार्क्सवादी-लेनिनवादी विचारों द्वारा प्रतिस्थापित कर दिया जाता है और इस प्रकार समाज को नए मूल्यों के प्रति स्वीकार्यता बनने लगती है। एक बार जब कोई समाज अपनी जड़ों से कट जाता है, तो उन्हें 'नए सामान्य' के लिए प्रस्तुत करना आसान हो जाता है जहां पारंपरिक मूल्यों को पुराने और बोझ के रूप में देखा जाता है। भारत में देश विरोध, नास्तिकता, ओपन सेक्सुअल गतिविधियाँ धीरे धीरे सामान्य सी होती जा रही हैं वहीं अमेरिकी समाज में ब्लैक लाइफ़ मैटर और क्रिटिकल रेस थ्योरी जैसे वामपंथी विचारों के प्रति सामान्यीकरण वहाँ देखा जा सकता है।

अन्तध्वंस प्रक्रिया (Subversion Process)

मनोबल गिराना (15-20 साल)

क्षेत्र	पद्धति	परिणाम
<u>विचार के क्षेत्र में</u>		
1. धर्म	मनोरंजन बना देना, व्यवसायीकरण, राजनीतिकरण	फतवा, श्रेष्ठताबोध, खारिज करना, नव धर्म निर्माण
2. शिक्षा	छद्म पाठ्यक्रम, सापेक्षिक अनुमति	अज्ञान का प्रसार, अज्ञान की स्वीकार्यता
3. मीडिया/पत्रकारिता	एकाधिकार, विरूपित सूचना, एजेंडा पत्रकारिता	नरेटिव बनना, असत्य खबर
4. संस्कृति	बहु-संस्कृतिवाद, छद्म नायक, छद्म कथानक/प्रतीक	विषाक्त एवं नशायुक्त समुदाय
<u>संरचना के क्षेत्र में</u>		
1. कानून व्यवस्था	अनैतिक विधान	न्याय से विश्वास उठना
2. सामाजिक सम्बन्ध	अधिकार बनाम कर्तव्य का संघर्ष	गैर जिम्मेदाराना व्यवहार
3. सुरक्षा	पुलिस और सेना में खुफियागीरी	सुरक्षाबलों का रक्षात्मक हो जाना
4. आंतरिक राजनीति	हर बात पर विरोध	एकता का अभाव
5. वैदेशिक सम्बन्ध	विदेशों से रुग्ण और तीखे रिश्ते	देश विक्टिम मोड में
<u>जीवन के क्षेत्र में</u>		
1. समाज/परिवार	विखंडन	सदस्य के दूसरे के प्रति निष्ठावान नहीं
2. स्वास्थ्य	प्रोसेस्ड एवं रेडीमेड फ़ूड, जंकफ़ूड, मेडिकेयर	बीमारियों में बढ़ोत्तरी
3. प्रजाति	समानता और सामाजिक उत्थान के नाम पर आन्दोलन, जींस बनाम पर्यावरण विवाद	घृणा , विखंडन
4. जनसंख्या	भूमि की कमी, नगरीकरण, गंदगी, घुसपैठ	अलगाव
5. श्रम	यूनियन बनाम समाज	विक्टिम कार्ड, उत्पादन ठप होना, गुणवत्ता कम हो जाना

अस्थिरता (वैचारिक तोड़फोड़, 2 से 5 साल)

क्षेत्र	पद्धति	परिणाम
1. शक्ति संघर्ष	लोकप्रियता और गैर जिम्मेदारी की लड़ाई	श्रेष्ठता और हीनता में विभाजन
2. अर्थव्यवस्था	धन का एकत्रीकरण	दिखावटी अभिजात्यपन, कर्ज को प्रोत्साहन
3. सामाजिक ताना बाना	आधारभूत अलगाव	भीड़तंत्र
4. विदेश	शेष विश्व से अलग थलग पड़ना	प्रतिभा पलायन, देश का सम्मान गिरना

संकट (2 से 6 महीने)

सामान्यीकरण

वामपंथी स्वयं की शासन व्यवस्था में अधिनायकवादी व्यवस्था के पैरोकार हैं लेकिन अन्य शासन व्यवस्थाओं में वह लोकतंत्र व्यवस्था चाहते हैं। लोकतांत्रिक व्यवस्था वामपंथ को फलने फूलने में बहुत सहायक है। आम चुनावों में वह अपने पक्ष के प्रत्याशियों को जितवाने में एड़ी चोटी का जोर लगा देते हैं। समस्त विश्व के लोकतांत्रिक चुनावों में वामपंथियों का एक पैटर्न दिखाई देता है, किसी कीमत पर स्थानीय सांस्कृतिक समूह के लोग न जीत पाएं, सभी लोग लेफ्ट लिबरल एक हो जाएं, चुनाव न जीतने की स्थिति में नाम वापस लें और अपने वैचारिक समीपता वाले साथी को जगह दें, अपना वोट उसे दिलवाएं।

आपस में गाली गलौज करते, एक दूसरे को फूटी आंख न सुहाने वाले लेफ्ट लिबरल चुनाव के दौरान एक हो जाते हैं, योजना बनाकर सत्ता में अपने हित चिंतको को बैठाते हैं, वामपंथी नेतृत्व व्यक्तिगत हितों को पीछे कर वैचारिक हितों को आगे रखता जहाँ उम्मीदवार कमजोर हैं वहां उसे हटाकर साथी पार्टी को वोट ट्रांसफर करवाते हैं. फ्रांस चुनाव के दौरान भी यही हुआ, वामपंथियों ने यथा योग्य जगह से अपने उम्मीदवारों के नाम वापस लिए साथियों को वोट ट्रांसफर करवाया और राष्ट्वादियों को सत्ता से दूर कर दिया। अमेरिका और इंग्लैंड में भी यही पैटर्न देखने को मिला।

नरेटिव बनाने में वामपंथी फील्ड इस तरह से सेट करते हैं कि दक्षिणपंथियों के लिए प्रतिक्रिया देने के अलावा कोई स्थान नहीं बचता। पहला प्रहार लेफ्ट ही करता है और राइट विंगर का एक बड़ा खेमा उसी की प्रतिक्रिया देने में लग जाता है तब तक वामी रणनीतिकार अपनी तकनीक बदल देते हैं उसके बाद राइट कैंप आपस में ही ब्लेम गेम करने लगता है।

एक बात और गौर करने वाली है, वामपंथी अपने विरोधी खेमे के तथाकथित उपेक्षित समूहों की पैरोकारी करते हैं, उन्हें सहलाते हैं और उसे अपने पाले में लाकर अपना मुखौटा बनाते हैं। यह मुखौटा बड़े काम का होता है, राइट विंगर की नैतिकता को ध्वस्त करने वाला होता है। भारत के कुछ सांस्कृतिक ध्वजवाहकों के वक्तव्यों को इसी क्रम में समझा जाना चाहिए।

20

खारिज कल्चर

जब कार्ल मार्क्स ने कम्युनिस्ट मैनिफेस्टो लिखना शुरू किया तो उसने पहला काम किया कि पिछले सारे दर्शन और विचार खारिज कर दिए। वामपंथ समेत तमाम पंथों की यही कहानी है। उन्हें पुराने देवता और पुरानी संस्कृति के ध्वंसावशेष पर ही अपने महल तैयार करने होते हैं। मार्क्स ने हीगल की वैचारिक मदद तो ली पर उसे नकार दिया। यह वामपंथियों का प्रोटो कैरेक्टर है कि वे अपनी सहायता करने वाले को गायब कर देते है। मार्क्स खारिज कल्चर के सहारे विश्व के इतिहास को नकार कर अपने ऐतिहासिक भौतिकवाद की स्थापना करता है, समाज के संस्तरण को नकार कर वर्ग विहीन समाज की अवधारणा देता है, पारम्परिक धर्म को नकार कर स्वयं के धर्म को स्थापित करने का प्रयास करता है। इसके अलावा जो वामपंथ का एक बड़ा चरित्र है वह है कि यह विचारधारा अपने अनुयाइयों का वैचारिक बन्ध्याकरण कर देती हैं जिससे वे कुछ और सोचने समझने के लायक नही बचते।

यदि भारत के संदर्भ में हम देखें तो सनातन परम्परा के कालक्रम में उदय होने वाले सभी महापुरुषों के विचारों का अभिनंदन और उन्हें यथोचित स्थान प्राप्त हुआ। यहाँ तक कि नास्तिकों, राक्षसों, नाग, किन्नर, दैत्य, भूत प्रेत, विष को भी उसी परम्परा में एक कड़ी के तौर पर देखा गया उन्हें खारिज नहीं किया गया और न ही नए विचारों की कोंपलों को कुचला गया। एक साथ भगत, ओझा, जोगी, श्रमण, ब्राह्मण, जैन की परम्परा चली आ रही है, शैव, शाक्त और वैष्णव अपने अपने स्थान पर पूज्य हैं। सनातन परम्परा में नई पीढ़ी पुरानी पीढ़ी को साथ लेकर आगे बढ़ी है और नई

पीढ़ी की नई परम्परा को पनपने के लिए खाद पानी पुरानी परम्परा ने दिया है।

भारतीय परम्परा से उलट कार्ल मार्क्स कहता है कि नयी संरचना का उदय पुरानी संरचना के नष्ट होने में है, यही वह मूल बात है जिसको आधार बना कर वामपंथी समाज की परम्परात्मक संरचनाओं पर प्रहार करते हैं। बिना परिवार, धर्म, विवाह, संस्कृति को नष्ट किये नवीन व्यवस्था की कल्पना की ही नहीं जा सकती इसलिए मार्क्सवादी विचारक पारम्परिक संस्थाओं के प्रति घृणा भाव से भरे रहते हैं, उन्हें खारिज करते रहते हैं।

21

सांस्कृतिक मार्क्सवाद के टूल

सांस्कृतिक मार्क्सवाद पूरी तरह एंटी एस्टाब्लिश्मेंट यानी व्यवस्था के विरोध में है। वैचारिक स्थापना से राष्ट्रीय स्थापना को अस्थिर करना ही वामपंथियों का लक्ष्य है। प्राकृतिक वैश्विक असमानताओं को पहचान का संकट घोषित करना और तमाम एजेंसियों द्वारा वैधता दिलवाने की कोशिश लगातार चलती रहती है। भारतीय संदर्भ में अगर बात की जाए तो राज्य को अस्थिर करने के लिए नक्सल/अर्बन नक्सल आन्दोलन, घुसपैठियों को नागरिकता दिलाने के आन्दोलन जैसे कार्यक्रमों की फंडिंग से लेकर नीति निर्माण का काम शामिल है, पर्यावरण के नाम पर विनिर्माण को रोकना और उसमें कमीशन की मांग करना, नारीवाद के नाम पर नग्नता को आरोपित करने से लेकर पारिवारिक मान्यताओं पर प्रहार करना, समलैंगिकता के मुद्दे को लेकर विवाह की मूल अवधारणा को ही नष्ट भ्रष्ट करना सांस्कृतिक मार्क्सवादी एजेंडे का हिस्सा है। विज्ञान और तर्क की बात करते करते यह नास्तिकता की तरफदारी करते हैं। सामाजिक विश्वास और उनके ऐतिहासिकता को हीन बताते हैं। बहु-सांस्कृतिक व्यवस्थाओं को लागू करने के लिए हिंसक कार्यक्रमों का आवाहन किया जाता है। सांस्कृतिक मार्क्सवाद के प्रमुख रूप से चार टूल जिसमें नारीवाद, नास्तिकता, बहु-सांस्कृतिक व्यवस्था और समलैंगिता शामिल है जिसके सहारे ये व्यवस्थाओं को अव्यवस्थित करते हैं।

1. विषैला नारीवाद

सांस्कृतिक मार्क्सवाद स्त्रियों को हर उस प्रतिमान को तोड़ने को कहता है जिसे सभ्य समाज मर्यादित समझता है। महिलाओं को सेक्स डिजायर के

चरम को पाने, सेक्स को लेकर बनाए गए निषेधों को तोड़ने और अपने परिवार से विद्रोह करने के प्रशिक्षण केन्द्रों की स्थापना नारीवाद के उद्देश्यों में शामिल है। घोर से घोर अनैतिक कृत्यों को नारीवाद के नाम पर सामान्य बना देने का चलन वामपंथियों ने शुरू किया है। नारीवाद की मूल अवधारणा है कि महिला और पुरुष बराबर हैं और उन्हें बराबर से अवसर मिले, महिलाओं को अपनी योग्यता बढाने के साथ उनको सुरक्षित करने में समाज और राज्य आगे आयें। नारीवाद का इससे अलग राग वामपंथियों की बीन से निकल रही है जो ड्रग्स की तरह विश्वविद्यालयों, मीडिया और फिल्म्स के माध्यम से महिलाओं को अपने गिरफ्त में लेने की कोशिश कर रही है। नस्लीय सिद्धांत के परिप्रेक्ष्य में नारीवाद कहता है कि पुरुष जन्मजात अपराधी होते हैं एक बार इस टॉक्सिक विचार के सम्पर्क में आने के बाद महिलाओं का सामान्य बना रहना बहुत मुश्किल होता है। वे अपने जैसे और महिलायें तैयार करती हैं क्योंकि यह उनकी विवशता बन जाती है। कुछ समय बाद आदतन वे विचलित व्यवहार करने लगती हैं।

यौन संतुष्टि के आगे मातृत्व को दोयम बना देना सांस्कृतिक मार्क्सवाद का एक प्रमुख उद्देश्य है। वामपंथी यौन संतुष्टि के लिए एक साथ अनेक पुरुषों से दैहिक सम्बन्ध बनाने को न्यायोचित ठहराते हैं जबकि संतुष्टि केवल देह की नहीं बल्कि मन की भी होती है। बिना प्रेम के कोई भी सम्बन्ध कुछ क्षण के लिए किसी को संतुष्ट कर सकता है पर जल्दी ही वे सम्बन्ध नीरस हो जाते हैं और फिर एक नई देह की तलाश होती है। यह क्रम अंतहीन है जो आखिर में यह स्त्री को पछतावे और अवसाद में धकेल देता है जहाँ से वापस लौटने का कोई मार्ग नहीं होता है। यही उदासी अवसाद निराशा नकारात्मकता वामपंथ का गहना है जिसे किसी स्त्री के ऊपर सजा हुआ देखकर वामपंथी अपने उद्देश्य को पूरा हुआ समझते हैं।

कार्यस्थलों और विश्वविद्यालयों में इन दिनों नारीवाद सेक्स व्यवसाय बन गया है। विश्वविद्यालयों में छात्र युवा हैं और कई अनुभवहीन हैं, जबकि कार्यालय में अधिकांश लोग उम्र में परिपक्व हैं। जब हम कार्यालय से विश्वविद्यालय की ओर चलते हैं तो सेक्स के लिए उकसाने वाले समूहों से लेकर सेक्स के सहारे समूह बनाने वालों तक पहुँच जाते हैं।

मार्च 2012 में हॉर्वर्ड यूनिवर्सिटी में सेक्स वीक मनाया गया। भले ही छात्र इस कार्यक्रम के लिए आयोजित होने वाली कक्षाओं को अटेंड करने

में शरमा रहे थे, लेकिन शिक्षकों का मानना था कि इस तरह की एजुकेशन उनके लिए काफी जरूरी है। और ऐसा आयोजन करने वाला हॉर्वर्ड अमेरिका का कोई पहला विश्वविद्यालय नहीं था इसके पहले अमेरिका की येल, केंटुकी, इंडियाना और वॉशिंगटन स्थित यूनिवर्सिटियां ऐसे आयोजन कर चुकी हैं। असल में तो इन आयोजनों की शुरुआत साल 2002 में ही हो गई थी-येल यूनिवर्सिटी में। 2016 में कैलिफोर्निया विश्वविद्यालय में बाकायदा शारीरिक सम्बन्धों पर प्रश्नावली तैयार की गयी।[13] विश्वविद्यालय ने अपने शीर्षक ग्यारहवें कार्यक्रम के तहत पूछे हैं। इसमें छात्रों को सेमेस्टर पाठ्यक्रम में रजिस्ट्रेशन के दौरान इन सवालों के जवाब देने के लिए कहा गया है। इन सवालों में सेक्स के साथ शराब पीने एवं ड्रग्स के सेवन के बारे में भी पूछा गया है।

पूछे गए सवाल:

1. आपने पिछले तीन महीनों (मौखिक सहित) में कितनी बार सेक्स किया है?
2. आपने पिछले तीन महीनों में कितनी बार कितने अलग-अलग लोगों से सेक्स किया है (मौखिक सहित)?
3. आपने कितनी बार शराब पीकर तीन माह के भीतर (मौखिक सहित) सेक्स किया है?
4. आपने पिछले तीन महीने में (मौखिक सहित) सेक्स किया है तथा कितनी बार दवाओं का उपयोग है?
5. आपने पिछले तीन महीनों में (मौखिक सहित) सेक्स किया और कितनी बार कंडोम का इस्तेमाल किया।

इन आयोजनों के पीछे वामंथियों का गिरोह काम करता है जो पाठ्यक्रम में इन गतिविधियों को क्रेडिट देता है।

1.1. किस ऑफ़ लव

नारीवादी सिद्धांतों की आड़ लेकर कानूनी सुरक्षा, अभिव्यक्ति की स्वतंत्रता और यौन शिक्षा के मुखौटे के पीछे वामपंथ का घिनौना चेहरा है जो विश्वविद्यालय में दुराचार सामान्य घटना के तौर पर प्रस्तुत करना चाहता है। कुछ विश्वविद्यालयों में छात्रों को प्रवेश के समय कंडोम देकर यौन

सम्बन्ध के लिए प्रेरित किया जाता है। इन सब उपक्रमों के माध्यम से विवाह और परिवार नामक संस्थाओं को अप्रासंगिक कर सांस्कृतिक विनाश को मूर्त रूप देने की कोशिश लगातार चल रही है।

भारत और अमेरिका पिछले कुछ समय से हर जगह शैक्षणिक संस्थाओं में सेक्स एजुकेशन पर लगातार जोर दिया जा रहा है। भारत में भी शिक्षाविद ऐसी कोशिश कर रहे हैं। शैक्षणिक संस्थान के नारीवादी केन्द्रों ने अभी हाल में ही किस ऑफ़ लव कार्यक्रम का जोर शोर से समर्थन किया। जेएनयू और दिल्ली विश्वविद्यालय में बैठे शिक्षकों और छात्रों ने तथाकथित नैतिकता के विरुद्ध हल्ला बोला और कैंपेन चलाया। इस कैंपेन के तहत कपल्स को सार्वजनिक स्थानों पर एक दूसरे को चूमने को कहा गया। इस कैंपेन को नारीवादियों ने नैतिकता से मुक्ति के लिए बहुत बड़ा कदम कहा पर जब इस कार्यक्रम के संयोजक की जांच हुयी तो वह सेक्स रैकेट चलाने वाला निकला जो ओपन सेक्स को प्रोत्साहित करता था। पुलिस के मुताबिक, ये लोग फेसबुक और दूसरे सोशल प्लेटफॉर्म्स के जरिए ऑनलाइन सेक्स रैकेट चला रहे थे। केरल पुलिस की साइबर सेल ने जाल बिछाकर रैकेट का पर्दाफाश किया। बताया जा रहा है कि अरेस्ट हुए आठ लोगों में एक इंटरनेशनल मॉडल और गैंगस्टर भी शामिल है। इसके लिए 'कोचु सुंदारिकल' नाम से एक फेसबुक पेज बनाया गया था। इस पेज पर 18 साल से कम उम्र की लड़कियों के अश्लील फोटो पोस्ट किए जाते थे। आरोप है कि इसके बाद पैसे लेकर लड़कियां सप्लाई की जाती थीं।

वामपंथियों ने नारीवाद को विकृत कर उसे महिलाओं से जोड़कर इसलिए प्रस्तुत किया ताकि दुनिया की आधी आबादी को प्रभावित किया जा सके जबकि आधुनिक पश्चिमी नारीवाद एक विभाजनकारी और शायद घृणित शक्ति बन गया है, एक ऐसा आंदोलन जो पुरुषों की समस्याओं को नजरअंदाज करते हुए महिलाओं की समस्याओं को नाटकीय रूप से बढ़ा-चढ़ाकर पेश करता है, असहमति के विचारों को दबाता है। ये ऐसी बाते हैं जिनके बारे में स्वयं नारीवादियों ने अतीत में चिंता व्यक्त की है - जिसमें आंदोलन की संस्थापक बेट्टी फ्रीडन भी शामिल हैं, जिन्होंने 1970 के दशक में नारीवाद को "सेक्स/वर्ग युद्ध" के रास्ते से हटाने की कोशिश की थी। आज यदि फ्रीडन होती तो उन्हें यह जानकर आश्चर्य होता कि अपनी लड़ाई शुरू करने के 50 साल बाद, नारीवादी ऊर्जा उन पुरुषों को कोसने में खर्च की जा रही थी। ऐसा

इसलिए हुआ कि यह आन्दोलन उन लोगों द्वारा अपहृत हो गया जो इसके सहारे अपने व्यक्तिगत और राजनीतिक हितों की पूर्ति करना चाहते हैं।

1.2. महशा अमीनी पर चुप्पी

ईरानी स्त्रियाँ अपनी स्वतंत्रता के लिए लड़ती रहीं और भारत के ग्लोबल लिबरल कॉमरेड चुप्पी साध लेते हैं। भारत के तथाकथित पत्रकारिता की मुखर इस्लामिक महिलाएं कर्नाटक के हिज़ाब प्रकरण पर हल्ला कर रहीं थीं पर ईरान उन्हें नही दिखा। दरअसल इन्हें कब, कहाँ, क्या बोलना है, सब निर्देश मिलता है। भारत में वामपंथी नारीवादी कठपुतलियां हैं। दरअसल मार्क्सवादी और रैडिकल इस्लामिस्ट की अपनी कोई सोच नही होती। वह किताब की रट्टा बातों का गुलाम होता है, ऐसा उसे बना दिया जाता है। जो ईरान और शरिया को समझते हैं वे इसलिए चुप हैं कि बोलेंगे तो गंदगी उतरा जाएगी। महशा अमीनी को मार डाला गया, ईरान उबलता रहा, लड़कियाँ सार्वजनिक बाल काटती रहीं, हिजाब जलाती रहीं। यह समझिये कि सवाल वस्त्रों से कहीं आगे है। मुता परम्परा का घृणित रूप ईरानी महिलाओं के सम्मान को खा रहा था और खा रहा है। 1979 में इस्लामिक क्रांति के बाद ईरान में जो बदलाव आए उनमें मुता को मान्यता मिलना था। सेक्स वर्करों को फांसी दे दी गयी पर घटियापन यह कि वहाँ के लोग टेम्परेरी शादियाँ करने लगे। टेम्परेरी शादियाँ और कुछ नही केवल सेक्स कर के औरत को छोड़ देना होता है। यह वेश्यावृत्ति से भी बदतर था जहाँ सेक्स के बदले वर्कर को पैसे मिलते थे पर अब यहाँ पैसे मिलना तो दूर समाज मे किसी भी औरत को मुता के नाम पर सेक्स वर्कर बनाने की छूट मिल गयी। गोद ली हुई बेटी से शादी करने की अनुमति ईरानी क़ानून ने शरिया के हिसाब से दे दिया, 2013 में विरोध के बावजूद धार्मिक परिषदों ने इसे सही ठहराया और न्यायालय ने अनुमति दे दी।[14] शादी की उम्र लड़कियों के लिए 9 साल थी पर व्यापक विरोध हुआ तो 13 साल कर दी गयी। पुरुष बोलकर तलाक़ दे सकता है। ईरानी स्त्रियां यदि हिजाब न पहनें या गलत ढंग से पहने तो उन्हें पीटना चाहिए साथ ही जेल में डाल देना चाहिए,ऐसा कानून कहता है। सार्वजनिक नृत्य, गीत तो ईरानी महिला को भूल कर भी नही करने का आदेश है। उसे बाहर जाने के लिए पति या किसी अन्य पुरुष की अनुमति की अनिवार्यता है। स्त्रियाँ हर कदम पर अपनी गुलामियत में जी रही हैं। इस घुटन के विरुद्ध एक हल्की

सी आवाज आई महशा अमीनी की, फिर यह स्त्रियों का राष्ट्रीय स्वर बन गया। समाज कोई भी हो यदि महिलाओं के मान को अश्लील बनाया गया तो वह समाज नष्ट हो गया।

जिस समाज के पुरुषों की आंखों में शिश्न उग आए, उस समाज का समाप्त होना तय होता है। ईरान समेत तमाम मजहबी कट्टरपंथियों की आँखों में उग आये असंख्य घृणित शिश्न वामपंथियों को नहीं दिखते, नारीवाद का झंडा उठाये लोग महशा अमीनी का नाम सुनकर कान बंद कर लेते हैं।

1.3. फीमेल जेनेशियल म्युटिलेशन पर वामपंथियों का मौन

महिला दिवस पर पुरुषों से मुक्ति, फ्री सेक्स सोसाइटी और हमें चाहिए आजादी जैसे नारों के शोर में किसी पांच छह बरस की बालिका की सिसकी किसे सुनाई देती है? वास्तव में इसे चीख कहा जाना चाहिए जिसे मुंह दबा कर सिसकी में तब्दील कर दिया जाता है। विश्व की लगभग बीस करोड़ महिलाओं की जो लगभग नब्बे देशों में रहती हैं और जिनके शरीर के सबसे संवेदनशील हिस्से को धर्म के नाम पर खुरच कर, जला कर हटा दिया जाता है। एफजीएम यानी फीमेल जेनेशियल म्युटिलेशन के नाम से जानी जाने वाली यह प्रथा मुख्यत: इस्लामिक समुदायों में पाई जाती है जो अफ्रीका, अरब, दक्षिण पूर्व एशियाई देशों और यूरोप के कुछ हिस्सों में प्रचलित है। यह अत्यंत दर्दनाक प्रथा है जहां महिला के प्राइवेट पार्ट के उस भाग को काटकर इसलिए हटा दिया जाता है ताकि उनके मन में बुरे ख्याल न आ सकें। सेक्सुअल डिजायर के दमन का इतना जघन्य रूप शायद ही किसी समाज में देखने को मिलता है। इसलिए महिला दिवस किसी फैशन से अधिक नही लगता जहां कार्यक्रम में खाना-पीना, गाना-बजाना ही नारीवाद समझा जाता है। जहां इन विषयों पर चर्चा होने की बजाय शबरीमाला जैसे विषयों पर छद्म बातें की जाती हैं।

लड़कियां सर से पैर तक कैद हैं, उनकी इच्छाएं दमित हैं फिर भी वह नारी विमर्श की मुख्य धारा का हिस्सा नहीं बन पाती। इसका कारण नारी विमर्श केवल सांस्कृतिक मार्क्सवाद का एक टूल बनकर रह गया है। विमर्श करनेवालियां कठपुतलियाँ हैं जिनकी डोर कहीं और है इसलिए विषैले नारीवाद के पाखंड का भांडा यहीं फूट जाता है।

2. नास्तिकता

वामपंथियों का मानना है कि जातिवाद, धार्मिक कट्टरता, महिलाओं का सम्मान, पितृसत्ता सबकी जड़ें धर्म के खाद से मजबूत होती है। वे भौगोलिक दशाएं, सामाजिक आवश्यकताएं, जनसांख्यिकी जैसे विषयों के ऊपर धर्म के प्रभाव को वरीयता देते हैं। मार्क्स कहता था जैसी आर्थिक व्यवस्था होगी वैसा समाज होगा, इसके विपरीत सांस्कृतिक मार्क्सवादी मानते हैं कि जैसा धर्म होगा वैसी सामजिक व्यवस्था होगी अतः धर्म को जड़मूल से समाप्त कर दिया जाय तो वर्ग विहीन समाज की स्थापना हो सकती है। वामपंथी समाज सुधार की आड़ में धर्म परिवर्तन की कोशिश करते हैं अर्थात किसी व्यक्ति के द्वारा आचरण में लाये गये धर्म को हीन बता कर उसे मार्क्सवाद में दीक्षित करना एक तरह का मतान्तर ही है। यह मतान्तर अभी नास्तिकता के नाम पर हो रहा है किन्तु असली बात वामपंथ का विस्तार ही है। दुनिया भर में जहाँ भी वामपंथ जाता है वहां के समाज को नास्तिक बनने को प्रेरित करता है ताकि वे अपनी सभ्यता संस्कृति से विचलित हो जाएँ और मतान्तर की प्रक्रिया आसानी से संभव हो पाए।

भारत के संदर्भ में यदि देखा जाए तो पत्रकारिता से लेकर फिल्मों तक एक शृंखला दिखेगी जिसमें नास्तिकता को ग्लैमर का विषय बनाकर प्रस्तुत किया जाता है। कुछ अखबारों/मीडिया हाउस में नियुक्तियों की शर्त ही भारत की व्यवस्थाओं के प्रति विष वमन करना होता है। एक मजेदार बात यह है कि मार्क्सवादी भारत आते ही प्रो-इस्लामिक हो जाते हैं क्योंकि उन्हें हिंदुत्व के विरुद्ध विमर्श तैयार करना होता है। एक फिल्म का नायक नास्तिक होता है पर 786 नम्बर का बिल्ला रखता है जो उसकी जान हमेशा बचाता है। ऐसे ही तमाम चित्रों में हिंदू देवी देवताओं के प्रति अभद्र अभिव्यक्तियाँ मिल जायेंगी, हिंदू पुजारियों को लम्पट और अन्य लोगों को ईमानदार दिखाया जाता है। सीधे सीधे कहें तो नास्तिकता भारत में आकर केवल हिंदू विरोध तक सीमित हो जाती है।

2.1. हिंदुत्व निशाने पर क्यों ?

वामपंथ के मूल में उन्माद और रक्तरंजित क्रान्ति है। ये प्रगतिशीलता के नाम पर धीरे धीरे अपने विचारों का पोषण करते हैं जिसमें वही कबीलाई समय की घृणा और वही कबीलाई समय का अमानुषिक संघर्ष दिखाई देता है। नास्तिकता

की बात करते करते वामपंथी हिंदुत्व को निशाना बनाने के लिए करने लगते हैं। यहाँ पर वामपंथियों का पाखंड फिर एक बार फूटता है। वे धर्म को अफीम कहते हैं पर अन्य मजहबों की कुप्रथाओं का समर्थन करेंगे। उनका एक ही लक्ष्य होता है कि कैसे भी हिंदुत्व को अस्थिर किया जाए और दुनिया में बंधुत्व, शांति एवं सुव्यवस्था लाने वाले विचार दर्शन को अप्रासंगिक बनाया जाए।

एक सामान्य हिंदू इस आस्था के साथ जीता है कि जो हो रहा है ईश्वर की इच्छा से हो रहा है उसे केवल अपना कर्म करना है। सभी प्राणियों में परमात्मा को देखना है परोपकार करना है किसी को पीड़ा नहीं पहुँचना है। हिंदुत्व का यह मत वामपंथी क्रांति के अनुरूप नहीं है। जब तक हिंदू इस विचार से अनुप्राणित रहेगा क्रान्ति नहीं हो पाएगी, खून नहीं बहेगा। दुनियां में अशांति नहीं होगी और मार्क्सवादियों के स्वप्न अधूरे रहेंगे। बाकी अन्य धार्मिक विचारधाराओं में हिंसा की थोड़ी बहुत जगह है लेकिन हिंदुत्व तो पेड़ पौधों, नदियों से लेकर कीट पतंगों के कल्याण की कामना करता है इसलिए वामपंथी खाके में फिट नहीं बैठता।

2.2. डिसमेंटल हिदुत्व

डिसमेंटल हिंदुत्व वामपंथियों का वह कार्यक्रम है जिसके माध्यम से वे हिंदुत्व के विरुद्ध इकठ्ठा होते हैं और इसके लिए अकादमिक तंत्र का उपयोग करते हैं। अमेरिका में पचास से ज्यादा विश्वविद्यालयों के एक समूह द्वारा 10 से 12 सितंबर 2023 तक डिसमेंटल हिंदुत्व शीर्षक से एक सम्मेलन का आयोजन किया गया जिसमें हिंदुत्व का विनाश कैसे हो इस पर परिचर्चा की गयी। इस परिचर्चा में अनेक देशों के वामपंथी जुटे थे। निष्कर्ष के तौर पर यही तय हुआ कि हिंदुत्व को दूषित सिद्ध करने, अंधश्रद्धायुक्त साबित करने, हिंदुत्व को एक ऐसे आतंक के तौर पर स्थापित करने की कोशिश की जाय जो शेष दुनिया के लिए खतरा है। हिंदुत्व को बोकोहरम जैसे आतंकी संगठन के साथ समानता स्थापित कर दिया जाय ताकि उसकी शांति प्रेम करुणा और समावेशिता की शिक्षा देने वाली छवि को दुनिया के सामने टूट जाय। इन लोगों ने इस कार्यक्रम के लिए वह दिन चुना जब हिंदू जागरण के शलाकापुरुष स्वामी विवेकानंद ने अमेरिका में अपना बहु प्रसिद्ध भाषण दिया था। वामपंथियों की चाल देखिये कि स्वामी विवेकानंद के मुखौटे में छिपकर हिंदू को कट्टर अतिवादी बताने और हत्या के पैरोकारों को जिसमें

माओवादी, नक्सलवादी और जेहादी शामिल हैं उन्हें सामाजिक दूत, अमन का पैगम्बर,बौद्धिक योद्धा, कमजोरों के मसीहा के तौर पर गुणगान किया जा रहा था। यहाँ उपस्थित सभी लोग सिविल सोसाइटी का लबादा ओढ़े हुए दिख रहे थे पर उस लबादे के पीछे वहशी जानवर छिपे थे जिनके मन में हमेशा वार और शिकार की चालें चलती रहती हैं।

अमेरिका में इस कार्यक्रम से पहले भारत में हिंदू बनाम हिन्दुव का एक विमर्श यहाँ के कम्युनिस्ट विचारधारा समर्थक राजनेताओं द्वारा चलाया जाने लगा और कार्यक्रम के बाद इसे और जोर शोर से उठाया गया पर जनता द्वारा समर्थन नहीं मिलने से वामपंथियों के मंसूबे पूरे न हो सके।

डिसमेंटल हिंदुत्व भारत में भी प्रच्छन्न रूप से चलता है। वामपंथी विचारों में डूब कर सेकुलरिज्म के नाम पर केवल एक विशेष समूह के हित में काम किये जाते हैं इसका उदाहरण कर्नाटक से दिया जा सकता है जिसमें हिंदू मंदिरों से लगभग 450 करोड़ रुपया एक साल में आता है, उस पैसे को अल्पसंख्यक धार्मिक मामलों के लिए खुलकर खर्च किया जाता है। अल्पसंख्यक धार्मिक संस्थाओं के पदाधिकारियों की तनख्वाहें और उनके अन्य खर्चों की पूर्ति मंदिर से मिले दान से की जाती हैं। अल्पसंख्यक विकास निगम के माध्यम से 393 करोड़ रुपये की लागत से कार्यक्रम चलाए गये। हिंदुओं को कुछ विशेष नहीं मिला, जबकि पैसा सारा हिंदू मंदिरों से वसूला गया।

2.3. आदिवासियों के लिए नया धर्म कोड

भारत में लोकसभा चुनाव 2024 के दौरान बारह करोड़ आदिवासियों को हिंदू धर्म से अलग करने की घोषणा सबसे पुरानी पार्टी के एक नेता अपनी रैली में करते हैं। यह अलगाव आदिवासियों के लिए अलग धर्म के कोड को संवैधानिक दर्जा देने के क्रम में है।

बारह करोड़ आदिवासियों को हिंदू धर्म से बाहर करने के षड्यंत्र को मूर्त रूप झारखंड विधानसभा द्वारा सरना कोड बिल पारित कर प्रदान किया गया था। इस बिल का उद्देश्य बारह करोड़ आदिवासियों को हिन्दू समाज से काटने की योजना पर अमलीजामा पहनाना है। पुनेना, कोयी और गोंडी समेत 83 धर्मों की अलग पहचान और मान्यता के लिए जो खेला मिशनरियों, वामपंथी राजनेताओं द्वारा खेला जा रहा है वह अत्यंत विस्फोटक है। आदिवासी क्षेत्रों में धर्म की मान्यता के आधार पर वोटिंग प्रणाली आकर टिक गई है।

हिंदू धर्म से आदिवासियों के अलगाव के काम को दिल्ली अलीगढ़, बनारस इत्यादि मेट्रो सिटीज के एकेडेमिक संस्थाओं में बैठे नक्सली बुद्धिजीवी/शिक्षक बखूबी अंजाम दे रहे हैं। आदिवासियों के आंकड़े इकट्ठा करना, उनका व्यवहार, रीति रिवाज परंपराओं का अध्ययन शैक्षिक उन्नयन के नाम पर सरकारी फंड पर कर ये उसका दुरुपयोग आदिवासियों को उकसाने और हिंदू समाज के प्रति जहर भरने में करते हैं। आदिवासी क्षेत्रों के छोटे छोटे समूह जहाँ विश्वविद्यालय के नक्सली शिक्षक अपने कार्यकाल का तीन चौथाई हिस्सा बिताते हैं और वहीं के लोगों खास तौर से महिलाओं और कमजोर वर्गों को प्रभावित कर उनके माध्यम से लेख, शोध पत्र लिख लिख एक अकादमिक माहौल तैयार करते हैं।

वामपंथियों का पाखण्ड ही उनकी प्रगतिशीलता है। एक तरफ वह राष्ट्र/धर्म को अफीम कहेंगे दूसरी तरफ वह धार्मिक पहचान को पुख्ता करने के लिए आदिवासियों में प्रॉक्सी स्थानीय राष्ट्रवाद का विष घोलते हैं। आप वायर, प्रिंट, फारवर्ड ब्लॉक समेत हज़ारों न्यूज़ वेब साइट्स को उठा कर देखिए कितने महीन और उन्मुक्त रूप से यह कार्य हो रहा है। एक बात समझ लीजिए, इनके लिए सत्ता महत्वपूर्ण नही है। सत्ता में कोई भी बैठा हो ये जानते हैं कि इन्हें संरचना बदलनी है और वह काम ये लगातार कर रहे हैं। लोकतांत्रिक संरचना जहां एक एक वोट का महत्व है तो ये उसकी आड़ में धार्मिक पहचान अलग करने का मुद्दा लेकर आदिवासियों के बीच मे हैं। इसी मुद्दे पर वोट करने को कहते हैं। ये जानते हैं कि आज दो कल चार परसों सौ लोग तैयार होंगे इसके लिए पर महत्वपूर्ण बात यह है कि प्रतिदिन ऐसा सोचने वालों की संख्या बढ़ती रहे।

स्थानीय प्रतीकों, आदिवासी पहचान, टोटम, प्रकृति पूजा को एन्टी ब्राह्मनिकल घोषित कर हिन्दू बनाम आदिवासी मुद्दा बनाकर हिंदू धर्म को तोड़ने के कार्य को वामपंथियों ने अपना उद्देश्य बना रखा है। एक बात स्पष्ट है, चाहे वह सरना कोड के लिए आंदोलन हो या सी ए ए का आंदोलन, सब के तार एक ही जगह से जुड़े हैं और सब का मालिक भी एक ही है।

2.4. धर्मांतरण

भारतीय संस्कृति को समस्या मौलिक रूप से धार्मिक व्यक्तियों से नहीं है बल्कि धर्मांतरण कराने वाले लोगों से है। इस क्रम में हिन्दुओं के धर्मांतरण की चर्चा भी प्रासंगिक हो जाती है। किसी समुदाय का धर्मांतरण उसके नष्ट

होने की शुरुआत और परिणाम दोनों होता है। हिन्दुओं के धर्मांतरण के लिए परस्पर विरोधी शक्तियां एकजुट हो जाती हैं। वामपंथी समूह, मिशनरियाँ और तमाम दीनी संस्थाएं आपस में हाथ मिला लेती हैं। यह संस्थाएं ठीक सांस्कृतिक मार्क्सवादी पैटर्न पर काम करती हैं। धर्मांतरण हिंदू संस्कृति को निर्मूल करने का सटीक जरिया है। हिन्दुओं के धर्म परिवर्तन हेतु मिशनरियों की तरफ से भारत में एक प्रोजेक्ट चल रहा है, उसका नाम है जोशुआ प्रोजेक्ट। समझते हैं कि जोशुआ प्रोजेक्ट15 क्या है।

1989 में अमेरिकन एवेंजिकल संस्थाओं ने प्रोजेक्ट 10/40 विंडो बनाया जिसके अंतर्गत 10 से 40 अक्षांश वाले देशों को ईसाई बनाना है। पहले इस विंडो के अंदर दक्षिण कोरिया और फिलीपींस भी शामिल थे, परन्तु इन देशों की जनसंख्या 70% से अधिक ईसाई हो जाने के बाद उन्हें इस खिड़की से बाहर रख दिया गया है।

भारत में प्रोजेक्ट 2000 AD लांच किया गया जिसका उद्देश्य कमज़ोर तबके पर अलहदा पहचान, अलहदा-इतिहास और एक अलहदा-धर्म थोपना है। इस प्रकार की संस्थाओं के गठजोड़ में केवल चर्च समूह ही नहीं, सरकारी संस्थाएं तथा संबंधित संगठन, व्यक्तिगत प्रबुद्ध मंडल और बुद्धिजीवी तक शामिल हैं।

सतही तौर पर वे सब एक दूसरे से अलग और स्वतंत्र दिखते हैं, लेकिन पाया गया है कि असल में उनका तालमेल आपस में बहुत गहरा है और उनकी गतिविधियाँ अमेरिका तथा यूरोप से नियंत्रित की जाती हैं और वहीं से उनको काफी वित्तीय सहायता भी प्राप्त होती है। उनके सिद्धांत, दस्तावेज़, संकल्प और रणनीतियां बहुत सुलझी हुयी हैं और दलितों/पिछड़ों की मदद करने की आड़ में इनका उद्देश्य भारत की एकता और अखंडता को तोड़ना है।

भारत में घोषित रूप से ईसाईयों की आबादी लगभग छह करोड़ है, जबकि अघोषित रूप से छद्म नामों से वाली आबादी का अंदाजा लगाना बेहद मुश्किल है।

भारत में वामपंथी शक्तियां राजनैतिक रूप से शीत युद्ध के बाद कमजोर हो गई तो इन लोगों ने नव बौद्ध, 'सेक्युलरिज्म', 'दलित मुक्ति', 'मानवाधिकार', ओबीसी चिंतन, पर्यावरणविद, स्त्रीवाद के गिरोह बनाकर अन्य पहचान का निर्माण कर लिया। अब वामपंथी साहित्य ने दलित

साहित्य, ओबीसी साहित्य, स्त्री विमर्श, पर्यावरणविद, आदि का स्थान ले लिया और ये पाखंडी लोग अमेरिका संचालित एवेंजिलिस्ट की गोद मे जा बैठे है।

जोशुआ वेबसाइट के अनुसार वनवासियों को एफ्रो दलिट्स प्रोजेक्ट्स, अनुसूचित जातियों को क्रिप्टो अम्बेडक्राइस्ट प्रोजेक्ट, ओबीसी की अपर कास्ट यादव, कुर्मी, पटेल, पंजाबी आदि को 10/40 प्रोजेक्ट्स में कन्वर्ट करना है। ईसाई मिशनरियों ने ब्रिटिश, और वामपंथी इतिहास को आगे बढाया। अब जो पुस्तके कभी काल्पनिक कही जाती थी उससे अप्रमाणिक रूस से इतिहास लिखा जा रहा, हर जाति का इतिहास लेखन यादव, कुर्मी, ब्राह्मण, जाट, राजपूत, पटेल, ओबीसी, नक्सली साहित्य ने दलित साहित्य का रुप ले लिया और आदिवासी साहित्य अभी लेखन में है।

भारत के मानवशास्त्री संगठन और तमाम समाजशास्त्री उनके टूल हैं। प्रो के. एस. सिंह जो बड़े समाजशास्त्री माने जाते हैं, मिशनरियों के लिए 'पीपुल्स ऑफ इंडिया' का प्रोजेक्ट बनाया। कांचा इलैय्या, स्वप्न विस्वास जैसे लोगों द्वारा विश्वविद्यालयों में बीफ पार्टी देना में या महिषासुर का मण्डन इन्ही की देन है और ये छुपे हुए नही ये विदेशों में खुले आम क्रिश्चियन कांफ्रेसेस में हिस्सा लेते है, फंड भी लेते है।

महिषासुर को बहुजन नेता के रूप में कांचा इलैय्या ने प्रचारित किया था और जवाहर लाल नेहरू यूनिवर्सिटी दिल्ली में वर्ष 2011 से महिषासुर परिनिर्वाण दिवस मनाने की शुरुआत भी कांचा ने ही की। शुरुआत में महिषासुर को यादव नेता, फिर दलित नेता उसके बाद आदिवासी गोंड नेता, उसके बाद बहुजन नेता कहके प्रचारित किया गया। क्षेत्र के अनुसार लोगों को मूर्ख बनाने के लिए कभी बंगाल का, कभी कर्नाटक का मूलनिवासी राजा, कभी तमिल नेता बताया गया। इस पर महिषासुर: एक मिथक का अब्राहमणीकरण और महिषासुर: एक जननायक 16 जैसी पुस्तकें लिखी गयीं जिसमें मुख्य भूमिका प्रमोद रंजन, बीपी महेश गुरु और गेल ओम्वेट की रही। गेल ओम्वेट जोशुआ प्रोजेक्ट का भारत मे सशक्त टूल रही है जो अकादमिक जगत में समाजशास्त्री मानी जाती रही। महिषासुर: पुनर्पाठ की जरूरत नामक पुस्तिका आयवन कोस्का संचालित फॉरवोर्ड प्रेस और नेशनल दस्तक पर प्रचारित किया गया। लखनऊ और देवरिया से निकलने वाली यादव शक्ति पत्रिका प्रोजेक्ट द्वारा ही फंडेड और संचालित है।

जोशुआ प्रोजेक्ट पंजाब में पगड़ीधारी ईसाई तैयार कर रहा है। उत्तरप्रदेश में बहराइच, बस्ती, अवध, जौनपुर से लेकर पश्चिम में मेरठ इनके प्रभाव क्षेत्र में हैं। हरियाणा का जींद इनका केंद्र है। कर्नाटक तमिल उड़ीसा और केरल में ये बेरोकटोक काम कर रहे हैं। यह प्रोजेक्ट नव बौद्धों की आड़ लेकर भारत की संस्कृति, भाषा और धर्म का मिथ्या पुनर्लेखन करवा रहा है जिसमें लेखक भारत के प्राचीन नायक, कलाएं, आविष्कार, खोजें, खान पान, वेशभूषा, गीत संगीत इत्यादि को मिथ साबित करते हैं और उसके प्रति अपशब्दों का प्रयोग कर जनता में उसे सामान्य बनाने की कोशिश करते हैं ताकि एक बार अपनी संस्कृति के मान बिन्दुओं से विचलित जनता को आसानी से अपने मिशन की तरफ मोड़ा जा सके।

ऐसे ही दीनी संस्थाएं इस्लाम से दूरी क्यों नामक कार्यक्रम के जरिये धर्मांतरण को प्रोत्साहित करने वाला कार्यक्रम चलाती हैं।

2.5. धर्म और धर्मनिरपेक्षता

धर्मनिरपेक्षता नास्तिकता का सॉफ्ट वर्जन और संस्कृति को नष्ट करने का वैधानिक हथियार है। किसी राज्य की संप्रभुता पर हमला केवल उसकी भौगोलिक सीमाओं पर ही नहीं होता बल्कि उसकी धार्मिक-सांस्कृतिक सीमाओं में घुसपैठ कर राज्य को कमजोर बनाया जा सकता है। जिन स्मृतियों की रूढ़ियों को लेकर वामपंथी इतने आक्रामक रहते हैं उन्ही में धर्म की कितनी सुंदर परिभाषा दी गयी है,

> 'धृतिः क्षमा दमोऽस्तेयं शौचं इन्द्रियनिग्रहः
> धीर्विद्या सत्यं अक्रोधो दशमेकं धर्म लक्षणम्'[17]

धर्म की इस परिभाषा में जिसमें मानव मूल्यों के निरंतर विकसित करने की बात कही गयी है उसमें क्या गलत है और किसे इसका पालन नही करना चाहिए या इसमें क्या साम्प्रादायिक है यह बात पाठक तय करें।

कुछ समय पहले केन्द्रीय विद्यालयों में 'असतो माँ सद्गमय' को हटाने को लेकर एक याचिका दायर की गयी है जिसमे कहा गया है कि इस वाक्य से धर्मनिरपेक्षता खतरे में आ गयी है। यह बात समझ से परे है कि असत्य से सत्य की ओर जाने से धर्मनिरपेक्षता कैसे खतरे में आ जाती है। कल को

न्यायालयों में से 'यतो धर्मः ततो जयः' को हटाने की बात की जायेगी परसों 'सत्यम शिवम् सुन्दरम' की बात आएगी फिर 'योगक्षेम' पर सवाल उठाये जायेंगे, दरअसल मामला कुछ और ही है। मामला संस्कृति के उन्मूलन का है। जिसे धर्म के रूप में पढ़ाया जाता है वह धर्म के आवरण में संगठन है। मार्क्सवादियों का मानना है कि हमारे संगठन की बात मानी जाए इसलिए बार बार धर्म से निरपेक्ष होने की बात आती है।

धर्म केवल और केवल आपका विवेकयुक्त कर्तव्य है। आपका विवेकयुक्त कर्तव्य आपके धर्म का निर्धारण करता है किन्तु वामपंथियों के लिए उनका एजेंडा ही धर्म है।

भारतीय सांस्कृतिक परम्परा की खूबी है जो इसे सबकी आवाश्यकताओं की पूर्ति करने वाला बनाता है जो बिना किसी फ्रेम, बिना किसी आकार, और बिना किसी प्रवर्तक के निरंतर सदानीरा की भांति प्रवाहित है। आप शाकाहारी हैं, नही हैं, आप कपड़े पहनते हैं, नही पहनते, आप जप करते हैं, नही करते हैं तब भी आप उसी धर्म का हिस्सा हैं। लोकतंत्र यह सहिष्णुता का सर्वोच्च रूप आप यहाँ पर पाते हैं जैसा कि स्वामी विवेकानंद ने कहा कि सनातन धर्म उस शर्ट के जैसे है जो भी पहनता है उसके जैसा हो जाता है। जैसा आप चाहो आपको मिलेगा।

राज्य को सम्प्रदाय से निरपेक्ष होना चाहिए पंथ से निरपेक्ष होना चाहिए पर धर्म से निरपेक्ष वह हो ही नही सकता। महात्मा गांधी इस बात को बड़े अच्छे तरीके से कहते हैं कि धर्मविहीन राजनीति 'सेवेंथ सिन' (घोर पाप) के समान है गांधीजी ने राजनीति को धर्म से अलग करने के सुझाव को अस्वीकृत कर दिया, क्योंकि उन्होंने लोगों की आजीवन सेवा के माध्यम से सत्य की तलाश के रूप में धर्म को एक नई परिभाषा दी। यह विवेकानंद के विचारों का ही प्रभाव था कि गांधीजी यह कहने में समर्थ रहे कि जो लोग यह कहते हैं कि धर्म का राजनीति से कुछ लेना-देना नहीं है वे यही नहीं जानते हैं कि धर्म का असली अर्थ क्या है? गांधीजी ने यह भी कहा कि मेरे अंदर के राजनेता को मैं कभी भी अपने निर्णयों पर हावी होने का मौका नहीं देता हूँ। यदि मैं राजनीति में भाग लेता नजर आ रहा हूं तो सिर्फ इसलिए, क्योंकि आज राजनीति ने सांप की कुंडली की तरह हमें जकड़ लिया है, जिससे कोई कितनी भी कोशिश कर ले, बचकर नहीं निकल सकता। इसीलिए मैं इस सांप से लड़ता हूं। उन्होंने कहा कि इस सांप से लड़ने का

सबसे अच्छा तरीका है वास्तविक धर्म के उच्च आदर्शों को विकसित करना। बार-बार गांधीजी ने यह रेखांकित किया कि धर्महीन राजनीति मौत के फंदे के समान है, जो राष्ट्र की आत्मा को ही मार डालती है।

गांधी जी रामराज को आदर्श राज्य का मॉडल मानते हैं। रामराज्य की अवधारणा का आधार ही स्वधर्म है।

अब यहाँ संगठन को धर्म समझने वालों की मजबूरी हो जाती है कि वे रामराज्य को सांप्रदायिक कहें और धर्म को राजनीति से दूर रखने की बात करें। यह इसलिए भी क्योंकि उससे दूसरी किस्म की नैतिकता दूसरे किस्म के तौर तरीकों को व्यवस्था में ले आने का अवसर मिलता है।

कुछ लोग कहते हैं कि धार्मिक नीति प्रगति में बाधक हैं तो एक उदाहरण इस मिथ को तोड़ देता है। एक धर्म नीति कार्य को पूजा बताती है, यह नीति किस तरह राज्य को आगे बढ़ने में मदद करती है इसे औद्योगीकरण के उदाहरण से समझा जा सकता है। औद्योगीकरण के लिए यह जरूरी कि अधिक मात्रा में उत्पादन हो उसके लिए कार्य का ठीक तरीके से होना जरूरी है। कार्य को पूजा जितना पवित्र और नैतिक मानने से लोग कार्योमुख होंगे जिससे औद्योगीकरण को अधिक गति मिलती है तथा राज्य तेजी से विकास की ओर बढ़ता है। धर्म उद्योगों को बढ़ावा देता है जिसकी वजह से यह मार्क्सवादियों की नज़र में चुभता है।

धर्म नैतिक मूल्यों और उच्च आदर्शों से राज्य को संगठित करता है। कुछ लोग कहते हैं कि हमें धर्म नही चाहिए। दरअसल वे पुरखों की विरासत को समझने में नाकाम रहते हैं ये लोग हाथी की पूंछ को छूकर मानते हैं कि अनुभव के आधार पर यह सिद्ध किया गया है कि हाथी झाड़ू जैसा होता है और इसी बात को सभी माने क्योंकि यही प्रत्यक्षवाद है। ये वो लोग हैं जो धर्म को अफीम मानते हैं। वैज्ञानिक दृष्टिकोण से दुनिया को चलाने का पुरजोर समर्थन करते हैं। दरअसल धर्म को रुढ़िवादी घोषित कर वैज्ञानिक दृष्टिकोण के नाम पर इस दुनिया का जितना नुकसान पिछले 100 सालों में किया गया है उतना जब से मानव सभ्यता अपने अस्तित्व में आई कभी नही हुआ। विज्ञान के नाम पर हमने अपनी नदियों को दूषित कर दिया हवा मिट्टी सबको गंदा कर दिया। विज्ञान ने हमे दो विश्व युद्ध थमा दिए तीसरे के मुहाने पर दुनिया बैठी है। यह कहा जा सकता है कि इसमें इसमें विज्ञान की क्या गलती तो यही बात धर्म पर लागू होती है। जब धर्म राज्य

के विस्तार का साधन बन जाए तो वह धर्म नही होता है, धर्म मानव के आत्म विस्तार का साधन है। संगठन पर आधारित धर्म केवल राज्य के विस्तार का साधन मात्र है जबकि भारत का धर्म लोगों का कल्याण और कृतज्ञता है। भारत में धर्म निरपेक्ष होने का अर्थ कृतघ्न और विनाशकारी है।

3. बहु-संस्कृतिवाद

बहु-संस्कृतिवाद एक ऐसा टूल है जो अधिनायकवादी वामपंथ के लोकतान्त्रिक मुखौटे को काफी सूट करता है। पहले के दो टूल नारीवाद और नास्तिकता विवाह और समाज को नष्ट करने के साधन हैं लेकिन बहु-संस्कृतिवाद राज्य को नष्ट करने वाला वामपंथी शस्त्र है। इस सिद्धांत की मूल अवधारणा किसी भी जगह की जनसांख्यिकी बदलने में है। किसी भी क्षेत्र की बसावट को बर्बाद करना हो तो पहले वहां पर ढेर सारे अलग अलग तौर तरीके वाले, धर्म और नृजातीयता वाले, अलग अलग क्षेत्रों जिनके खान पान भाषा और पहनावा भिन्न हो, वाले लोग लाकर बसाए जाएँ या वहाँ के लोगों को बाह्य संस्कृति में रूपांतरित किया जाए, फिर धीरे-धीरे उस क्षेत्र की/ स्थानीय सांस्कृतिक सहिष्णुता की दुहाई देकर वहां के लोगों के साथ व्यापार, नौकरी और सामजिक साझेदारियां बढाई जाय, पुनः लोकतंत्र की दुहाई देकर राजनीतिक व्यवस्था में सक्रिय सहभागिता प्राप्त की जाए। ऐसा सब कुछ उस क्षेत्र की संस्कृति में बहु-संस्कृति के आकर्षक नारे के साथ घुलने मिलने के लिए किया जाता है और एक समय बाद सांस्कृतिक द्रवणता का पहचान के संकट के नाम पर विरोध करना शुरू कर दिया जाता है। उस क्षेत्र में भाषा, धर्म, नृजाति के नाम पर अलग अलग समूह बन जाते हैं। ये समूह अलग राष्ट्रीयता की मांग करते हैं इसके लिए जनमत संग्रह की मांग करते हैं। यहीं पर वामपंथियों के बहु-संस्कृतिवाद का एजेंडा खुलकर सामने आ जाता है। उदाहरण के लिए भारत में कश्मीर की डेमोग्राफी बदलने के लिए वहां से कश्मीरी हिन्दुओं का कत्लेआम किया गया, उन्हें भगाया गया, एल ओ सी के पार से घुसपैठिये बसाए गये और फिर जनमत संग्रह की मांग की जाने लगी। अब यही काम पंजाब और बंगाल में हो रहा है।

किसी भी राज्य की बसावट वहां के भौगोलिक, ऐतिहासिक और सांस्कृतिक आवश्यकताओं के अनुसार होती है। उस बसावट का निर्मूलन

करना है तो वहाँ रहने वाले व्यक्ति को यह विश्वास दिलाना पड़ता है कि तुम्हारी बोली भाषा, खानपान, वास्तु, व्याकरण, रहन सहन, इतिहास, संस्कृति, सौंदर्यशास्त्र, विज्ञान और मनुष्यबोध को लेकर जो विचार हैं वे शेष दुनिया के साथ जीने के लिए सही नहीं हैं तुम्हे उनमे परिवर्तन करना पड़ेगा और एक बार परिवर्तन हो गया तो उसे 'बहुत खूबसूरत परम्परा' बना कर उसका उदाहरण देकर बार-बार ऐसे परिवर्तन कराया जाता है मानों परिवर्तन करना ही उस राज्य का एकमात्र लक्षण हो। यदि उस राज्य के नागरिक अपनी संस्कृति के प्रति जागरूक न हों तो वहां इतनी बार परिवर्तन होगा कि वे भूल जायेंगे कि उनकी अपनी संस्कृति क्या थी। उनके संस्कृति जीने की नहीं बल्कि दूर से देखने की विषय वस्तु बन जायेगी, ऐसी संस्कृति जिसे म्यूजियम में रखा जाता है वह उस समाज के सांस्कृतिक रूप से मृत होने की घोषणा है। यह वामपंथियों को अपनी संस्कृति के रोपने का सही समय होता है और वे मार्क्सवाद की जड़ें जमाने लगते हैं।

बहु-संस्कृतिवाद किस तरह मूल बात को विरूपित करता है उसे समझने के लिए एक घटना का उल्लेख करना आवश्यक है। एक सूफी गायक को ध्रुव पद में 'बंदे बैगन हिरन'[18] गाते देख कर जब उनसे पूछा गया कि यह बैगन हिरन क्या होता है तो उन्होंने बताया कि उनके उस्ताद ने कुछ इसी तरह का सिखाया है सो गाते हैं पर अर्थ नहीं पता है। वह बंदे बंदे करते हुए बीच बीच में खुदा बंदे गाते रहे। बाद में पता चला वह पद गणेश जी का है, बीच-बीच में जो 'बैगन हिरन' शब्द घुसा है वह बैगन और हिरन नहीं बल्कि विघ्न हरन है, 'बंदे' शब्द 'बंदऊ' है जो उस्तादों की अनभिज्ञता से 'बैगन हिरन' और बंदे बनकर बहुसंख्यक समाज में स्वीकार्य हो चुका है। संगीतशास्त्र के मर्मज्ञ पंडित विष्णु नारायण भातखंडे ने बताया कि एक उस्ताद गाते थे, 'लास्य करत अरु नाचत गावत नृत्य करत बम्बा'। वास्तव में 'बम्बा' शब्द रम्भा का विरूपित रूप है ऐसे ही एक और पद का उदाहरण हैं, नंदग्राम को छपरा बरसाने की नाली- वास्तव में 'नंदग्राम को छोहरा बरसाने की नारि' है।[19] बहु- संस्कृति के नाम पर मिलावट को राष्ट्रीय चरित्र बना दिया गया।

वामपंथी कहेंगे कि इससे क्या फर्क पड़ता है। शब्दों में क्या धरा है भाव देखो। वह तुरंत तर्क देंगे कि मरा मरा कहकर जब वाल्मीकि इतने बड़े रामायण की रचना कर सकते तो बैगन हिरन पर क्यों आपत्ति? वाल्मीकि रामायण में एक बार भी छंद विधान के साथ कोई गड़बड़ी नहीं

है। यह भाव वाली बात उनके साथ लागू होती जिन्हें ज्ञान नही है। ज्ञान के बाद अगर कोई मरा मरा कहे तो वह जानबूझ कर अपमानित करने वाली भाषा का प्रयोग कर रहा। बहु-संस्कृतिवाद के नाम पर के नाम पर भारतीय रागों को या गीतों के विधान को जिस तरह विरूपित करने का जाने अनजाने में प्रयास हो रहा है वैसा ही भारतीय सामजिक संरचना, वास्तुकला, भाषा-व्याकरण, सौन्दर्यबोध और मानसिकता के साथ भी हो रहा है। यही बहु-संस्कृतिवाद प्रयागराज को इलाहाबाद, अयोध्या को फैजाबाद मथुरा को इस्लामाबाद में बदल देता है, सर्वेश्वरी दल के नाम पर बनी झील को डल झील में बदल देता है, सल्तनत काल मुगलकाल जैसे सांस्कृतिक रूप से अन्धकार युग को गंगा जमुनी तहजीब के नाम पर स्वर्णयुग से विभूषित करता है और अब देश की डेमोग्राफी को बदलने के मुहाने पर है।

बहु-संस्कृतिवाद का परिणाम पहचान का संकट खड़ा करना है। इस संकट के साथ ही सामाजिक विघटन शुरू हो जाते हैं। विविधता में एकता जैसे शब्द पाठ्यक्रम का हिस्सा बन गए हैं। ये शब्द हमें चौंकाते नहीं बल्कि ऐसी कंडीशनिंग कर देते हैं कि व्यक्ति उसी के अनुसार सोचे और आचरण करे। विविधता में एकता वाले आलेख बताते हैं कि भारत में किस तरह अलग अलग पहचान और तौर तरीके वाले समूह हैं। इन समूहों को इकठ्ठा रखना है। अब वे कौन से तत्व हैं जिनसे ये समूह आपस में इकट्ठे रह सकते हैं। ऐसे में बाहरी शक्तियों की भूमिका महत्वपूर्ण हो जाती है जिनकी वजह से भारत के विभिन्न संस्कृतियों में एकता स्थापित होती है।

जब हम भारत माता की जय कहते हैं तो उसका तात्पर्य मात्र एक जमीन के टुकड़े की जय नही कर रहे हैं। हम जयकार रहे होते हैं उस सांस्कृतिक विरासत की जिसकी गर्भ से हमारे अस्तित्व का निर्माण होता है। वह संस्कृति जो हमें जीवन जीना सिखाती है।

मनुष्य केवल अपनी मां के ही गर्भ से जन्म नही लेता बल्कि वह एक संस्कृति के गर्भ से भी जन्म लेता है। यदि माँ जीवित है तभी बालक का पोषण हो सकता है। जिस देश की संस्कृति मर गयी तो वहां मुर्दा बालक पैदा होंगे जो आगे चलकर एक मुर्दा नागरिक बनेंगे।

किसी भी ही देश की पहचान उसकी संस्कृति है। कोई भी बहुत बड़े क्षेत्रफल वाला देश सिमट कर एक गड्ढे जितना हो सकता है यदि उसका धर्म

उसकी भाषा और उसकी संस्कृति का सिमटाव हुआ। कुछ समय पहले तक दक्षिण पूर्वी और दक्षिणी एशिया के प्राय: सभी देश भारत के उसी प्रकार से सांस्कृतिक रूप से अंग थे जैसे कि सौराष्ट्र, कलिंग, पांडय, बंग इत्यादि थे। इंडोनेशिया मलेशिया, कंबोडिया, सुमात्रा, बाली, थाईलैंड, वियतनाम, जावा, सिंगापुर, बर्मा, बोर्नियो, पाकिस्तान, बांग्लादेश, अफगानिस्तान, चीन के तमाम हिस्से, स्याम, ताइवान, नेपाल, तिब्बत से लेकर ईरान तक के देशों में भारत की सभ्यता और संस्कृति वहां के निवासियों के रग-रग में व्याप्त थी। इन देशों के राजाओं के नाम भारतीय हुआ करते थे। अपने राज्य के कार्यों के लिए वे मुख्यतः संस्कृत भाषा का प्रयोग करते थे और अपने शिलालेखों को ब्राह्मी तथा अन्य अन्य भारतीय लिपियों में उत्कीर्ण कराते थे। सैकड़ों अभिलेख संस्कृत में उपलब्ध हुए हैं।

इन देशों के प्रायः सभी निवासी शैव, वैष्णव, बौद्ध आदि भारतीय धर्म के अनुयायी थे और वहां बहुत से ऐसे मठ और आश्रम विद्यमान थे जिनमें वैदिक तथा पौराणिक तथा बौद्ध साहित्य का अध्ययन हुआ करता था। कितने ही मंदिर, बिहार, चैत्य, स्तूप इन देशों के राजाओं तथा संत लोगों द्वारा बनवाए गए थे जिसमें शिव, विष्णु, ब्रह्मा, गणेश बोधिसत्व की मूर्तियां प्रतिस्थापित थी। इन मंदिरों वस्तुओं के भग्नावशेष बड़ी संख्या में आज भी इन देशों में विद्यमान है, कुछ मंदिर तो अभी तक देश सुरक्षित दशा में है।

प्रश्न उठता है कि ये देश आज किस स्थिति में हैं। कहने की आवश्यकता ही नही है, पाकिस्तान अफगानिस्तान इत्यादि देशों की संस्कृति बदल गयी वे अलग देश बन गये, आंख उठाइये और देखिए क्या हो रहा है।

भारत की संस्कृति में एक ऐसा तत्व है जो कहता है कि एकम् सत् विप्रा बहुधा वदन्ति अर्थात सत्य एक ही है उसको विद्वान विविध रूपों में अभिव्यक्ति करते हैं किन्तु वामपंथ कहता है कि वामपंथी विचारों के अलावा सारी विचारधाराएँ गलत हैं। मजे की यह बात कहने के लिए वामपंथ स्थानीय संस्कृतियों की सहिष्णुता का सहारा लेता है और बाद में उसी संस्कृति के विरुद्ध असहिष्णुता का आन्दोलन चलाता है। बहु-संस्कृतिवाद के नाम पर मूल भाषा की जगह दूसरी भाषाओं के प्रयोग को प्रोत्साहित करता है। एक देश तब गूंगा हो जाता है जब उसकी भाषा को अवरुद्ध कर दिया जाय। अंततः देशज भाषाओं की जगह कोई आरोपित भाषा को देश की भाषा बनाने का षडयंत्र चलने लगता है।

महमूद गजनवी ने जब भारत पर आक्रमण किया तो उसके साथ अल बरुनी आया हुआ था। वह भारतीय दर्शन और विज्ञान की समृद्धता से बड़ा प्रभावित था। उसने एक किताब लिखी, किताब-उल-हिन्द जिसमें वह भारतीय समाज के बारे में ढेर सारी बातें लिखता है और उसके आधार पर वामपंथी साहित्यकार तत्कालीन समाज का निरूपण करते हैं। उसने गजनवी को सलाह दी कि यदि भारत पर शासन करना है तो यहाँ की भाषा खत्म करो क्योंकि इस भाषा मे जो ज्ञान है उससे हिंद के लोग फिर से खड़े हो जाएंगे।

अल बरुनी ने बीजगणित से लेकर खगोल तक का ज्ञान फ़ारसी ने अनुवादित किया और आज जिसे हम अल-जेबरा के नाम से जानते हैं। किताब-उल-हिन्द में वह स्वीकार करता है कि ब्रह्मगुप्त ने किस तरह से बताया कि सूर्यग्रहण धरती और सूर्य के बीच में चंद्रमा के आने से होता है। उसने गजनवी को सलाह दी कि भारत मे शासन करने के लिए यह बताना बहुत जरूरी कि यहां का ज्ञान और दर्शन कितना कमतर है और वह फ़ारसी में अनुवादित सामग्री का प्रचार प्रसार करे जो गजनवी के हितों के अनुकूल है साथ में अंधविश्वासों और जड़ता को बढ़ावा देने वाली बातों को मानने वालों को पुरस्कृत करे। राहु द्वारा सूरज को लील जाने की बात को सत्य के रूप में किताब-उल-हिंद में लिखा गया और यही बात जनता में प्रासारित की गयी परिणामस्वरुप लोग ब्रह्मगुप्त को भूलते गए और राहु काल मे फंसते गए। हालांकि गजनवी भारत पर शासन नही कर पाया पर आगे के तुर्को मंगोलियन आतंकवादियों ने अपनी सत्ता कायम रखने के लिए इस बात का खूब उपयोग किया। संस्कृत आम जन के लिए मृतप्राय होती गयी साथ मे भारतीय मेधा भी, फारसी ज्ञान की प्रामाणिक भाषा बनी। मात्र फारसी पढ़कर कोई भारतीय सांस्कतिक तत्वों की मौलिकता पर कोई अभिमान कर सकता है क्या?

जब आधुनिक वामपंथियों की दृष्टि भारत पर पड़ी तो उन्होंने भी अल बरुनी के सिद्धांत पर काम किया। भारतीय ज्ञान को तोड़ मोड़ कर वामपंथी हितों के अनुकूल अनुवादित कर के प्रस्तुत किया गया और इस बहाने अपनी विचारधारा की सर्वश्रेष्ठता को स्थापित किया।

भाषा के अलावा वामपंथियों ने भारतीय त्यौहारों को बहु-संस्कृति के नाप पर विरूपित किया। त्यौहारों को अप्रासंगिक बताते हुए उसे पूँजीवाद से जोड़कर एक बड़ा अभियान चलाया। वास्तविकता यह है कि त्यौहारों के कारण समाज के हर वर्ग के पास समृद्धि का हिस्सा पहुंचता है। हिंदू धर्म मे

अर्थ को एक महत्वपूर्ण पुरुषार्थ माना गया है। हिंदू त्यौहार इस बात के उद्घोष हैं कि भौतिक सुख-सुविधा का भोग धर्म के जरिये ही हो सकता है। बड़े त्योहारों और चारो धाम की यात्रा से लेकर गाँव के चौरा पूजन तक का कर्म देश की अर्थव्यवस्था को संजीवनी देता है। यातायात से लेकर फूल-माला, मिठाई, डेरी, फल, गाड़ी, लकड़ी, विभिन्न वस्तु निर्माण, इत्यादि से लेकर होटल, कपडे, पूजा-सामान से सम्बन्धित व्यवसाय में लगे लोगों को रोजगार मिलता है। उनके घर पैसा आता है जिससे उनका जीवन खुशहाल बनता है।

कन्फेडरेशन ऑफ ऑल इंडिया ट्रेडर्स (CAIT)) ने एक आंकड़े में बताया है कि 2022 की दीपावली पर करीब ढाई लाख करोड़ रुपये की खरीद हुई है। इन आंकड़ों में फुटकर बिक्री और शामिल लें तो लगभग तीन लाख करोड़ के आस पास का आंकड़ा बैठता है। पाकिस्तान का कुल सालाना बजट लगभग 7 लाख करोड़ है, भारत मे एक दीपावली के ही त्यौहार का बजट तीन लाख करोड़ रुपये है।

त्यौहार केवल सांस्कृतिक ही नही बल्कि आर्थिक केंद्रबिंदु भी हैं। विदेशी इस बात को अच्छे से समझते थे कि इन त्यौहारों को निर्धारित करने वाले मंदिरों को तोड़ दिया जाए तो भारत की रीढ़ टूट जाएगी। आप किसी मंदिर में जाएं वहाँ तिथि, वार, त्यौहार, व्रत, उपवास, कर्म इत्यादि का दैनिक विवरण पट्टिका पर प्रतिदिन लिखा जाता है। त्यौहार जीवन शैली को नियमित करते हैं। धर्म अर्थ कामनाओं की पूर्ति और मुक्ति की राह बताते हैं, जीवन मे उल्लास भरते हैं। आपका त्यौहार मनाना आपको आध्यात्मिक,भावात्मक रूप से पुष्ट तो करता ही है पर देश को एक कदम आगे भी बढ़ाता है।

यही कारण है कि वामपंथी परम्पागत संस्कृति को नष्ट करने के फिराक में रहते हैं ताकि अर्थव्यवस्था नष्ट हो जाए और उसके लिए संस्कृति के मूल तत्वों में अनेक बाह्य संस्कृतियाँ घुसेड़ कर उन्हें विविधता में एकता के नाम पर परोसते हैं। ऐसे नरेटिव सेट किये जाते हैं जिसमें पुराने उदाहरणों को वामपंथी सिद्धांतों में ठूंस दिया जाता है ताकि जनता को बात सच लगे।

बहु-संस्कृतिवाद को वामपंथियों द्वारा संवैधानिक प्रावधान के सहारे भी घातक हथियार बनाया जा रहा है। चाहे वह वर्शिप एक्ट हो या अनुच्छेद 25 से लेकर 30 तक मौलिक अधिकारों का प्रावधान, उसका फायदा किसे है? 1947 से पहले हिंदू मंदिरों को रोड कर उन्हें अन्य धार्मिक पहचान दे दी गयी थी, वर्शिप एक्ट उनकी वही पहचान बनाये रखने का हथियार था।

वहीं धार्मिक सांस्कृतिक स्वतंत्रता का अधिकार किस हिंदू को पहले नहीं प्राप्त था? भारत में तो लोकायत दर्शन भी संस्कृति का एक अविभाज्य अंग है तो धार्मिक स्वतंत्रता का आशय और निहितार्थ क्या था? प्रचार प्रसार को लेकर बाकायदा संस्था बनाकर योजनाबद्ध तरीके से काम कौन करेगा? वह कौन है जिसे किसी दूसरे पक्ष से स्वतंत्रता चाहिए? वह दूसरा पक्ष कौन है जिससे किसी समुदाय विशेष को स्वतंत्रता चाहिए?

कौन अपने धर्म के असीमित प्रचार प्रसार के लिए छूट पा गया? क्या भारतीयों को अपने देश में प्रचार प्रसार करने की छूट नहीं थी? खूब छूट थी पर इसी छूट का फायदा उठा कर आस्था को नकारते हुए अपनी आस्था के प्रचार और उसे दूसरों पर लादने की जबरदस्ती करने की छूट चाहिए थे जिसे विधिक बना दिया गया। दरअसल बहुसंस्कृति वाद के नाम पर के अतिक्रमण करने की ओट वामपंथियों को अनुच्छेद 25 से 30 तक मिलती है।

4. समलैंगिकता

विवाह संस्था को निर्मूल करने का एक तगड़ा उपक्रम है कि अपवाद स्वरुप पाए जाने वाले सेक्सुअल बिहैवियर को सामान्य कर दिया जाये। कामुक गतिविधियों में और तीव्रता लाने के लिए पोर्न इंडस्ट्री हर एडल्ट मूवी में कुछ नयापन करती है जो पहले नही देखा गया है। इस क्रम में जो मनुष्य के असामान्य और निषिद्ध मनोवृत्तियां हैं उसे ये लोग 'टच' करने में लगे हुए हैं ताकि इन मसालों के साथ वीडियो को अति उत्तेजक बनाया जाय फिर उसे सामान्य होते ही दूसरे निषिद्ध व्यवहारों का प्रयोग किया जाए। यही पैटर्न वामपंथियों का समाज के मानकों के साथ है और ठीक यही मामला समलैंगिकता को लेकर है। समलैंगिकता मनुष्य जाति का सामान्य व्यवहार नहीं है। विषमलिंगियों के परस्पर आकर्षण से समाज की व्यवस्था आगे चलती है जिसमें परिवार की स्थापना होती है। परिवार का आधार विवाह है। समलैंगिकता को सामान्य बनाकर विवाह का आधार समाप्त करने का षडयंत्र वामपंथियों द्वारा रचा गया और इसे साहित्य सिनेमा और मीडिया के जरिये नई पीढ़ी में सनसनी बनाकर इंजेक्ट किया जा रहा है ताकि वे नूडल रिलेशन से पारम्परिक रिश्तों को प्रतिस्थापित कर सकें। दाम्पत्य प्रेम और प्रेमी प्रेमिका के मर्यादित स्नेहिल प्राकृतिक संबंधों की जगह अप्राकृतिक यौन संबंधों को मान्यता दिलाने में आन्दोलन करना, रेनबो परेड निकालना,

कानून व्यवस्था को चुनौती देना और अंत में सामाजिक ढांचे को विच्छिन्न करने के उद्देश्य को प्राप्त करना सांस्कृतिक मार्क्सवाद के तौर तरीके हैं।

समलैंगिकता नारीवाद से एक कदम और आगे का विषय है। नारीवाद पुरुष सत्ता से विद्रोह के रूप में देखा जाता है पर समलैंगिकता स्वयं की यौन आइडेंटिटी के धूमिल हो जाने का नाम है। सामाजिक संरचना में फेरबदल समय के साथ होता रहता है पर शरीर की संरचना को लेकर एक विशेष नकार का विचार सभ्यता की सारी परिभाषाओं के ध्वंस का प्रतीक है जिसे मानव जाति ने पिछले दस हजार साल के उद्विकास के दौरान प्राप्त किया था। जिस समाज को वर्ग विहीन समाज कहा जा रहा है वह निहायत ही अनाचार युक्त समाज है जहाँ पर मत्स्य न्याय विद्यमान है और अंत में सत्य, साक्ष्य के स्थान पर शक्ति सब कुछ तय करेगी।

भारत में वामपंथियों ने फ्री सेक्स समाज के लिए झंडा बुलंद कर रखा है। कम्युनिस्ट पार्टी की एक महिला नेत्री ने खुलेआम यह कहा कि वह फ्री सेक्स करती है। उसके अनुसार जिसका जिससे मन हो उससे सेक्स करे इसमें कोई बंदिश नहीं होनी चाहिए। असली मार्क्सवाद यही है जो सेक्स पर लगाए गए अनुशासनों को तोड़ दे। यह तो पशुओं में होता है कि वे किसी से भी सेक्स कर सकते हैं मनुष्यों ने सेक्स का नियमन करके अपनी संस्कृति को पशुवत से उर्ध्व किया है और यहाँ तक कि समलैंगिकता तो पशुओं में भी नहीं देखी जाती, हाँ वामपंथी इस पर भी कुछ न कुछ लेकर आते हैं पर सामान्य ग्रामीण व्यक्ति भी यह जानता है कि उसके यहाँ पला नर या मादा पशु मेटिंग के लिए विपरीत लिंग वाले पशु के पास ही जाते हैं।

फ्री सेक्स वेश्यावृत्ति का विस्तारित रूप है। जिन देशों में वेश्यावृत्ति को मान्यता मिली है वहां भी फ्री सेक्स को नकारात्मक माना जाता है। समलैंगिकता किसी भी लिहाज से यह प्राकृतिक नहीं है। 1960 के दशक में पश्चिम में यौन क्रांति ने तेज हुयी जो काफी हद तक हर्बर्ट मार्क्यूज़, मैक्स होर्खाइमर और एरिक फ्रॉम जैसे फ्रैंकफर्ट स्कूल के दार्शनिकों की सांस्कृतिक मार्क्सवादी साजिशों पर आधारित थी। स्थायी और एकपत्नी संबंधों के आदर्शों को कट्टरपंथी यौन स्वायत्तता की अवधारणाओं द्वारा प्रतिस्थापित किया गया, जो गर्भनिरोधक, अश्लील साहित्य और गर्भपात की मुख्यधारा पर आधारित थे।

वास्तव में वामपंथी प्रेम को महज सेक्स तक देखना चाहते हैं। प्रेम दो व्यक्तियों को बाँधने वाला तंतु है जबकि केवल दैहिक सम्बन्ध कुछ दिन

बाद स्वतः समाप्त हो जाते हैं। यहाँ कोई नैतिकता की बात नहीं है बल्कि शुद्ध मनोविज्ञान है। एक के साथ बिना भाव के किये बनाये गये सेक्सुअल रिलेशन पुराने होते ही टूट जाते हैं और व्यक्ति नये सेक्स पार्टनर को ढूंढने लगता है जबकि प्रेम देह और मन को परिमार्जित करता है, विश्वास देखभाल, ममता, करुणा, कृतज्ञता से व्यक्ति को भरता है। प्रेम व्यक्ति को खाली होने से बचाता है और अवसाद में जाने से रोकता है।

दरअसल मार्क्सवाद में मानवीय गुण को धारण करने की अपेक्षा गुलामी को धारण करना अच्छा माना जाता है। यह लोग शास्त्रार्थ या जानो की बजाय "केवल अनुसरण करो और केवल मानो" वाली अवधारणा पर काम करते हैं। समलैंगिकता के मामले में भी यही है। इन्हें शारीरिक संरचना को जानने और उसके अनुरूप आचरण करने की बजाय सेक्सुअल डिजायर की पूर्ति येन-केन प्रकार से करनी होती है। हार्मोनल असंतुलन के शिकार लोगों की बजाय नया और उत्तेजना की चाह में बने और जबरदस्ती के समलैंगिक लोगों की संख्या अधिक है। ऐसे लोग समान लिंग वाले के साथ सम्बन्ध बना लेते हैं। समलैंगिता का अगला चरण जानवरों के साथ सेक्स है, कल को विभिन्न जानवरों, साँपों, कीड़ों-कुत्तों के साथ यौन सम्बन्ध बनाने को वैधता प्रदान करने को आन्दोलन होंगे, इससे आगे छोटे बच्चों के साथ भी सम्बन्ध बनाने को मानवाधिकार और फ्री-सेक्स का हिस्सा माना जाएगा इसी क्रम में फ्री-सेक्स इन्सेस्ट को सामाजिक और वैधानिक डिक्शनरी से डिलीट करने के लिए आन्दोलन करेगा।

समलैंगिक और फ्री सेक्स कम्युनिटी का जीवन हमेशा असुरक्षित रहता है। प्रारम्भिक समय में वामपंथ इन्हें उत्तेजित करता है पर धीरे धीरे जब रक्त का उबाल थमता है और शरीर की नसें ढीली होती हैं तब इन्हें अकेले मरने को छोड़ दिया जाता है। उस समय इनके पास न परिवार न साथी और न ही संस्कृति होती है। ये धीरे धीरे कुढ़ कर मरते हैं। उनकी दशा का दुर्दशा का एकमात्र कारण वामपंथ ही है।

22

वामपंथी मीडिया का क्रोनी कैपिटलिज्म

कार्ल मार्क्स के उलट ग्राम्शी पूँजी की बजाय संस्कृति को सामाजिक संगठन का मुख्य कारण मानता है लेकिन पद्धातिशास्त्र पूरा मार्क्स का अनुसरण करता है। इस प्रकार घृणा का केंद्र बिंदु पूँजी वर्ग से हटकर सांस्कृतिक वर्ग बन गया है। पूँजी अब वामपंथ को स्थापित करने में सहायक है। यहीं से जन्म होता है क्रोनी कैपिटलिज्म की वामपंथी अवधारणा का जिसमें पूँजीपति लोग वामपंथी विचारों के प्रसार में आपस में पूँजी के माध्यम से समबन्ध स्थापित करते हैं। एक दूसरे से मिलते जुलते हैं, रिश्ते बनाते हैं और एक ऐसा वर्ग तैयार करते हैं जिसमें वे आपस में न केवल वर्ग के आधार पर जुड़े हैं बल्कि आपस में रिश्तेदार भी हैं। ये लोग एक उद्देश्य का निर्माण करते हैं, उस उद्देश्य की प्राप्ति हेतु पूँजी का निवेश करते हैं, मोटा लाभ प्राप्त करते हैं और दूसरी विचारधारा के लोगों को फूल या तलवार के बल पर अपने से जोड़ते जाते हैं। एक समय ऐसा आता है जब नकारे और नालायक संतानों को केवल नातेदारी के आधार पर बड़े मीडिया घरानों में ऊँची तनखाह पर नौकरी दे दी जाती है या घरानों में नौकरी की शर्त वामपंथी होना कर दिया जाता है।

वामपंथी मीडिया के क्रोनी कैपिटलिज्म का एक उदाहरण एनडीटीवी के पूर्व समूह के रूप में दिया जा सकता है। एनडीटीवी में लगभग दस साल तक अपनी सेवा दे चुके संदीप भूषण ने दिसम्बर 2015 में कारवां मैगज़ीन को दिए गए अपने साक्षात्कार में कहा कि एनडीटीवी में नौकरशाहों से

सम्बन्ध रखने वालों की ही नौकरी पक्की होती थी। भूषण के मुताबिक़ उन्हें 2000 में एक बार इंटरव्यू में छांट दिया गया। बाद में उसी पोस्ट के लिए एक नौकरशाह की पैरवी के प्रभाव से उन्हें नौकरी मिली। एनडीटीवी के कर्ता-धर्ता प्रणय राय थे।[20]

दूरदर्शन के समय में प्रणय राय ने मीडिया की असीमित ताकत, क्षमता, पहुंच व सम्मोहिनी शक्ति को पहचाना और उसे एक अलग दिशा दे डाली जिसकी बदौलत देश में पहले प्राइवेट टीवी न्यूज चैनल का पदार्पण हुआ। प्रणय रॉय ने दूरदर्शन की एक ही शैली-पद्धति -ढाँचे में ढली, दूरदर्शन की खबरों से बाहर निकल कर उन्हें रोचक बना “वर्ल्ड दिस वीक” और “न्यूज टुनाइट” के नाम से पेश करना शुरू किया। कहना ना होगा कि इस प्रयोग को दर्शकों ने हाथों-हाथ लिया। यही वो शख्स है जिसने भारत में होने वाले चुनावों और उनके परिणामों को टीवी पर सबसे पहले तथ्यों से परिपूर्ण, रोचक और लोकप्रिय बनाने में अहम भूमिका निभाई। अपार सफलता पाने के बाद इन्होंने 1988 में जिस एनडीटीवी नाम के अपने प्रोडक्शन हाउस की स्थापना की थी, वह एक बड़े मीडिया हाउस में बदल चुका था और इतना ताकतवर हो चुका था कि उसके उद्घोषक या संचालक बिना किसी हिचक के सरकार, उसके सदस्यों, उसके वरिष्ठ प्रवक्ताओं को तृण मात्र समझने लगे।[21]

यह सब बिना किसी के संरक्षण के कतई संभव नहीं है! इसके लिए जरा पीछे मुड़ कर देखने से ही सब साफ़ हो जाता है ! प्रणय रॉय की तत्कालीन सरकार से बहुत घनिष्ठता थी। इसीलिए एनडीटीवी की शुरुआत तत्कालीन प्रधानमंत्री के निवास से हुई थी और उसने अपना 25वां जन्मदिन राष्ट्रपति भवन में मनाया था! इसी से प्रणय रॉय की पहुंच, उनकी साख, उनके दबदबे का अंदाजा लगाया जा सकता है। लाजिम है कि जिसकी बदौलत इतनी इज्जत-शोहरत-कामयाबी-दौलत मिली हो उसको सत्ता में बनाए रखने की भरसक कोशिश भी की जाएगी लेकिन इस क्रम में पत्रकारिता सुपारी पत्रकारिता में बदल जाती है। आरोप था कि हवाला और शेल कंपनियों के माध्यम से लगभग दो हजार करोड़ रूपये इस समूह ने प्राप्त किये जिसके आधार पर बिना टीआरपी के यह अपने लोगों को मन भर तनख्वाह देकर एजेंडा पत्रकारिता करवाता था। समूह से जुड़े लोग जन सरोकार के नाम पर ‘कौन जात के हो’ जैसे वाक्यों का इस्तेमाल कर अथाह

पूँजी से ऐश करते हुए टीवी पर गरीबों के लिए रोना करते थे। जिसे आम जनता संवेदना और समाचार समझती रही वह मात्र अभिनय था जिसे करने के लिए पत्रकारों को पैसे मिलते थे।[22]

एक नजर एनडीटीवी से जुड़े लोगों पर डाल ली जाए तो क्रोनी यानी आपस की रिश्तेदारी वाली बात और भी साफ़ हो जाती है ! शुरू से ही देखें तो प्रणय रॉय का विवाह, भारतीय कम्युनिस्ट पार्टी मार्क्सवादी के पूर्व प्रमुख प्रकाश कारत की पत्नी वृंदा कारत की बहन राधिका रॉय के साथ हुआ है।

प्रणय रॉय, अरुंधति रॉय के चचेरे भाई हैं। प्रणय के बंगाली पिता ने अपना धर्म परिवर्तन कर एक ईसाई आयरिश महिला से विवाह किया था और एक ब्रिटिश कंपनी में ही कार्यरत थे। एनडीटीवी में कार्यरत बरखा दत्त ने जम्मू-कश्मीर की पीडीपी पार्टी के सदस्य हसीब अहमद द्राबू के साथ दूसरा निकाह किया है जबकि उनकी पहली शादी भी कश्मीर के ही एक युवक मीर से हुई थी। एनडीटीवी की निधि राजदान जम्मू-कश्मीर के पूर्व मुख्य मंत्री उमर अब्दुल्ला की बहुत ख़ास दोस्त हैं। एनडीटीवी की ही सोनिया सिंह का विवाह कांग्रेस से जुड़े नेता के साथ हुआ जो यूपीए कार्यकाल में मंत्रिमंडल के सदस्य भी रह चुके हैं।

राजदीप सरदेसाई, जो पहले एनडीटीवी में हुआ करते थे, का विवाह सागरिका घोष के साथ सम्पन्न हुआ है, जो पहले सीएनएन में कार्यरत थीं। ये वही सागरिका घोष हैं जिनके पिता भास्कर घोष को दूरदर्शन में कांग्रेस की सरकार द्वारा डायटेक्टर जनरल का पद दिया गया था ! जिन पर बाद में एनडीटीवी को आर्थिक लाभ पहुंचाने का इल्जाम भी लगा था! जो उनके दामाद के मालिक की कंपनी थी।[23] आज सागरिका तृणमूल कांग्रेस की राज्यसभा सांसद हैं।

अभिसार शर्मा की शादी अधिकारी सुमना सेन से हुयी है जो लाभ पहुँचाने के मामले में विवाद में रहीं। बताते चलें यह वही अभिसार शर्मा हैं जो धान के खेत से गेंहू की रिपोर्टिंग करते पाए गये थे।

एनडीटीवी ने उन विष्णु सोम को अपने यहां एक बड़ी जिम्मेदारी सौंपी, जिनके पिता हिमाचल सोम को कांग्रेस सरकार ने इटली का राजदूत बनाया था और जिनकी माताश्री रेबा सोम ने तत्कालीन सत्ताधारी पार्टी के नेतृत्व और पार्टी की प्रशंसा में अनेक पुस्तकें लिख डाली थीं। यह वही सत्ताधारी पार्टी है जिसके डाटा एनालिटिक्स डिपार्टमेंट का हेड डाटा

चोरी के मामले में कैलिफोर्निया की एक अदालत से लाखों डॉलर के जुर्मानायाफ्ता था।

सरकार बदलने के बाद एनडीटीवी समूह दूसरे उद्योगपति के हाथ में चला गया लेकिन समूह से जुड़े लोगों की निष्ठा वामपंथी अराजकता में बनी रही।

23

वामपंथी स्थापना: भारत के संदर्भ में

एक असफल विचारधारा के रूप में खड़े मार्क्सवाद को उबरने के लिए एंटोनियो ग्राम्शी द्वारा पारंपरिक संस्कृति को आर्थिक कारक से बदला गया अब वे भारी मात्रा में पूँजी का संचय और प्रयोग करने को स्वतंत्र थे। सांस्कृतिक मार्क्सवादी होर्खाइमर एक योजना प्रस्तुत करता है जिसका जमीनी क्रियान्वयन भारत के समकालीन परिदृश्य में देखा जा सकता है। योजना के उद्देश्यों को प्राप्त करने के लिए सांस्कृतिक मार्क्सवादी तीन विधियों को प्रयोग में लाते हैं,

1. सामान्य से अलग हटकर 'अन्य विकल्प' का निर्माण
2. इससे एक नरेटिव बनाना
3. अपने एजेंटों के माध्यम से उस नरेटिव /आख्यानों को क्रियान्वित करना

हम भारत के संदर्भ में उपरोक्त बिन्दुओं की एक एक कर चर्चा करेंगे

1. मूल पहचान को नस्लवाद में बदलना

भारत की मूल पहचान मसलन वैदिक आचरण की व्यवस्था, संस्कार, शिक्षा व्यवस्था, कर्मकांड को नस्लवादी कहकर उसे वामपंथियों ने अपराध घोषित कर व्यवस्था को मूलनिवासी बनाम बाहरी का रूप दे दिया। वामपंथी क्रिटिकल रेस थ्योरी में कहते हैं कि श्वेत जन्मजात अपराधी हैं

और श्याम वर्ण किसी भी देश की मूल निवासी है लिहाजा वह अपने आप में श्रेष्ठ है और संसाधनों पर पहला हक रखती है। भारत के संदर्भ में वामपंथी नस्लवादी सिद्धांत में जाति व्यवस्था को फिट करते हैं। कुछ जातियों को जन्म के आधार पर अपराधी और कुछ को जन्म के आधार पर शोषित सिद्ध करते हैं। योग्यता, समानता, लोकतान्त्रिक तरीके जैसे शब्द अपनी नैतिकता खो बैठते हैं।

मूल पहचान को किस तरह से विरूपित किया जाता है उसका एक उदाहरण गिहार जनजाति है। चित्तौड़ और आस पास के राजपूत और अन्य योद्धा अकबर से बचने और महाराणा प्रताप का साथ देने के लिए अरावली के जंगलों में चले गए। उनका कारोबार, सामाजिक संरचना सब बदल गया। छापामार युद्ध करते करते और जंगल मे रहते रहते वह पूरी तरह से वनवासी हो गए। अंग्रेजों ने इन्हें क्रिमिनल ट्राइब के खिताब से नवाज दिया। स्वतंत्रता के बाद 1952 में सरकार उन्हें डिनोटीफाइड ट्राइब्स में शामिल कर पुनर्वास करने की तमाम कोशिश की गई और आज तक जारी हैं। अब वामपंथी इन्हें मूल निवासी बताते हुए राजपूतों से इनका द्वंद्व बताएँगे जबकि गिहार राजपूतों के ही सगे हैं और दोनों को पीड़ित करने का अपराधी यदि कोई था तो वह मुग़ल थे जिसकी चर्चा वामी बहुत चतुराई के साथ दबा देते हैं।

अधिकांश शहरों में रहने वाले लोगों के पूर्वज गाँवों के ही रहने वाले थे। शहर आने के बाद गांव और उनके और गाँव वालों के पुरखे अलग तो नही हो जाते। यद्यपि अब वे ग्रामीण संरचना का हिस्सा नही हैं पर ग्रामीण लोगों को आदि लगा कर संबोधित करना और उन्हें मूल निवासी कहकर दूसरों को बाहरी कहना यह सांस्कृतिक मार्क्सवादी एजेंटों द्वारा गढ़ा गया नरेटिव है है।

यह सर्वमान्य तथ्य है कि आर्य कहीं बाहर से नही आये, फिर भी जेएनयू जैसे विश्वविद्यालय में में एक नारा लगता रहा है 'ब्राह्मण तो विदेशी है जिसका जीन विदेशी है'। यह नारा वहां पर काम करने वाले वामपंथी इतिहासकारों की शय पर बनाया गया। अकादमिक ही नही वरन प्रतियोगी परीक्षाओं खासकर सिविल सेवाओं की तैयारी करवाते संस्थानों के शिक्षकों ने भी यही पढ़ाना शुरू किया जिसका विषैला परिणाम यह हुआ कि प्रशासनिक व्यवस्था में जो लोग आए वे संस्कृति के प्रति दुराग्रही थे।

यूपीएससी के भारतीय समाज प्रभाग पाठ्यक्रम में राष्ट्रवाद के उदय का अध्याय है जिसके अध्ययन के लिए ए आर देसाई की पुस्तक सोशल बैकग्राउंड ऑफ़ इंडियन नेशनलिज्म अनुमोदित है। भारतीय सामाजिक व्यवस्था को मार्क्सवादी चश्मे से देखने वाले देसाई ने इस पुस्तक में लिखा है कि राष्ट्रवाद की वजह से मिली स्वतंत्रता बेकार है, सही अर्थों में यह जमींदारों, सामंतों और अमीर लोगों को ब्रिटिश सरकार से सत्ता का हस्तांतरण है। इस प्रकार वे अधूरी आजादी को पाने के लिए वर्ग संघर्ष को नए सिरे से शुरू करने का आह्वान करते हैं जिससे भारत में अशांति और संकट बना रहे और दीनता दैन्यता दूर करने के लिए वामपंथी तात्कालिक सोवियत या चीन से सहायता लेकर अपनी तानाशाही सरकार बना सकें।

मूल निवासी की छद्म धारणा पर आते हैं। मूलनिवासी के सहारे वामियों ने भारत के उस वर्ग को डिस्क्रेडिट करना चाहा जो एक लंबे समय से पढ़ने लिखने का काम करता आ रहा था। बताया गया कि संविधान में उल्लेखित सवर्ण पुराने आर्य हैं जोकि विदेशी हैं और दलित ओबीसी यहाँ तक कि अल्पसंख्यक लोग मूल निवासी है। यह पाखण्ड सरकारी प्रयासों से खूब फला फूला।

यह 'अन्य वैकल्पिक' विचार स्थापित किया गया कि आर्य बाहर से आये और देवासुर संग्राम जोकि दाशराज्ञ युद्ध ही था जिसमें देवों ने दानवों को परास्त कर पूरे भारत को अपना उपनिवेश बना लिया और दानवों को दास बनाया। तब से लेकर यह व्यवस्था आज तक चल रही है। कितनी हैरानी की बात है कि होलिका, महिसासुर, रावण जैसे लोगों को मूलनिवासी घोषित कर उन्हें नायकत्व प्रदान कर दिया गया।

वैसे तो वामपंथी पौराणिक कथानकों से परहेज करते हैं पर उन्हें होलिका के जलने पर, सीता की अग्नि परिक्षा पर, एकलव्य के कटे अंगूठे पर और महिषासुर वध पर पूरा भरोसा है। इसी भरोसे को थोड़ा और आगे बढाते हुए एक पौराणिक आख्यान से ही मूल निवासी टाइप की चीजों को समझने का प्रयास करते हैं। प्रजापति दक्ष की दो कन्याएं थीं, दिति और अदिति। दोनों का विवाह कश्यप से हुआ जिससे देव और दानव उतपन्न हुए। अर्थात देवों और दैत्यों के पिता एक थे, नाना एक थे फिर दैत्यों को भारत का मूल निवासी बता कर देवों को बाहरी घोषित कर दिया गया। इस पाखण्ड का पर्दाफाश भारतीय पुरातविकविदों ने राखीगढ़ी के साक्ष्यों

से किया। कैम्ब्रिज विश्वविद्यालय के प्रोफेसर कीवीसील्ड के निर्देशन में एस्टोनिया स्थित एस्टोनियन बायोसेंटर, तारतू विश्वविद्यालय के अनुसंधान में यह सिद्ध हुआ है कि सारे भारतीय गुणसूत्रों के आधार पर एक ही पूर्वजों की संतानें हैं, आर्य और द्रविड़ का कोई भेद गुणसूत्रों के आधार पर नहीं मिलता है।

शोधकार्य में वर्तमान भारत, पाकिस्तान, बंगलादेश, श्रीलंका और नेपाल की जनसंख्या में विद्यमान लगभग सभी जातियों, उपजातियों, जनजातियों के लगभग 13000 नमूनों के परीक्षण-परिणामों का इस्तेमाल किया गया। इनके नमूनों के परीक्षण से प्राप्त परिणामों की तुलना मध्य एशिया, यूरोप और चीन-जापान आदि देशों में रहने वाली मानव नस्लों के गुणसूत्रों से की गई। इस तुलना में पाया गया कि सभी भारतीय चाहे वह किसी भी धर्म को मानने वाले हैं, 99 प्रतिशत समान पूर्वजों की संतानें हैं। इससे यह सिद्ध होता है कि भारत में आर्य और द्रविड़ विवाद व्यर्थ है। उत्तर और दक्षिण भारतीय एक ही पूर्वजों की संतानें हैं। उत्तर भारत में पाये जाने वाले कोल, कंजर, दुसाध, धरकार, चर्मकार, थारू, दलित, क्षत्रिय और ब्राह्मणों के डीएनए का मूल स्रोत दक्षिण भारत में पाई जाने वाली जातियों के मूल स्रोत से कहीं से भी अलग नहीं हैं। इसी के साथ जो गुणसूत्र उपरोक्त जातियों में पाए गए हैं वहीं गुणसूत्र मकरानी, सिंधी, बलोच, पठान, ब्राहुई, बुरूषो और हजारा आदि पाकिस्तान में पाए जाने वाले समूहों के साथ पूरी तरह से मेल खाते हैं।

इसी तरह एकलव्य को लेकर हिंदुत्व मुर्दाबाद के नारे लगाये जाते और एकलव्य को आदिवासी बताया जाता है। सच्चाई यह है कि एकलव्य राजा हिरण्यधनु का पुत्र था, वह राजकुमार था जो अपने पिता की मृत्यु के बाद राजा बना था।

अपने विषैले कथाक्रम से वामपंथी एक समूह को दूसरे समूह के प्रति घृणा भरते हैं जबकि सत्यता कुछ और है जिसका वर्णन ऊपर किया गया है।

2. भ्रम को निरंतर बनाये रखना

वास्तव में वामपंथ भ्रम पर ही टिका है। जब मार्क्स यह कहता है कि इतिहास वर्ग विहीन समाज पर जाकर रुक जाएगा तो वह भ्रम में ही जी रहा है और भांति भांति के तर्क देकर वह दुनिया से इस भ्रम को सत्य

समझने की जबरदस्ती करता है। यही काम उसके भारत में बैठे मानसपुत्र करते हैं। जब नागरिकता कानून या किसानों के लिए कानून लाया गया तो उन्हें तरह तरह के झूठ वामपंथियों द्वारा परोसे गए यथा, तुम्हारी नागरिकता ख़त्म हो जायेगी, तुम्हारे खेत छीन लिए जाएंगे। भारत की एक पार्टी जो अब पूर्ण रूप से वामपंथियों की गिरफ्त में है उसका नेता रोज जनता को भ्रम में डालता है कि बिजली का बटन दबाते ही पैसा उद्योगपति की जेब में चला जाएगा। एक वामपंथी समाचार प्रस्तोता टीवी की स्क्रीन काली करके टीवी न देखने की बात करता है और हर बात को व्हाट्सएप्प के ही सहारे तथाकथित व्हाट्सएप्प यूनिवर्सिटी का उत्पाद बताता है।

3. सेक्स और समलैगिकता

सामान्य से अलग विकल्प को बनाने की अवधारणा को सेक्सुअलिटी के उदाहरण से स्पष्ट किया जा सकता है। पारम्परिक रूप से दो लिंगो को स्वीकार किया जाता है लेकिन सांस्कृतिक मार्क्सवाद कहता है कि समाज इसके अतिरिक्त लिंग पहचान को क्यों नहीं मानता है। यहाँ यदि यह बात मान भी लिया जाय कि लिंग की अवधारणा को विस्तार देने की जरूरत है तो भी अशांति बनी रहे इसके वामपंथी कुछ नया सेंसेशन वाला विकल्प लेकर आएंगे। सेक्स को छोटे बच्चों के पाठ्यक्रम में शामिल करवाने का दबाव सरकार के ऊपर देखा जा सकता है जबकि यह परिवार, माता पिता का विषय है। 2000 के दशक की शुरुआत से अक्सर विश्वविद्यालय परिसरों और सड़कों पर समलैंगिकता, सार्वजनिक सेक्स करने की सहमति को लेकर बार-बार विरोध प्रदर्शन किया जाता है इन प्रदर्शनों में प्राय: हिंदू धर्म के खिलाफ अपमानजनक भाषा वाले भड़काऊ पोस्ट भी शामिल होते हैं। अभद्रता यहाँ तक पहुँच गयी कि पुरुषों को अपराधबोध से भर दिया गया, महिलाओं को ही साड़ी क्यों पहननी है,पुरुष क्यों नही पहनते जैसे वाक्य वामपंथियों की सभाओं में उठाये जाने लगे जिसके बाद जेएनयू के शिक्षकों/छात्रों ने साड़ियां पहनना शुरू कर दिया। यह अन्य विकल्प के लागू होने की आंशिक की सफलता थी।

4. पंगु होते शैक्षणिक संस्थान

प्राथमिक स्कूलों से लेकर विश्वविद्यालय तक यदि पिछले बीस सालों की गतिविधियाँ देखें तो शिक्षण संस्थान शैक्षिक संस्थान कम सांस्कृतिक और

राजनीतिक संस्थान ज्यादा हो गये हैं। पढ़नें लिखने की बजाय साल भर टूर, फंक्शन, स्पोर्ट्स, गेस्ट, फन एक्टिविटी जैसे कार्यक्रम ज्यादा देखने को मिलते हैं जहाँ महिला शिक्षकों का काम स्वागत करना और पुरुष शिक्षक फूडिंग कैटरिंग का काम करते हैं। यदि कोई शिक्षक केवल पढ़ाई करवाना चाहे तो वह कर नही पाता है और उसे अलगाव की स्थिति का सामना करना पड़ता है।

अन्य विकल्प गढ़ने का एक उदाहरण स्कूलों में कॉमन ड्रेस कोड से संबंधित है। सांस्कृतिक मार्क्सवाद स्कूल ड्रेस का भी विकल्प लेकर आता है सभी छात्रों के लिए एक मानक पोशाक के पालन के पीछे के नियमानुसार तर्क को चुनौती देता है। हालिया केरल हिजाब विवाद इस का एक महत्वपूर्ण उदाहरण है।

5. घुसपैठ और शरणार्थियों के माध्यम से स्थानीय पहचान नष्ट करना

भारत के सीमावर्ती राज्य जनसांख्यिकीय परिवर्तन से गुजर रहे हैं इसका कारण बाहर से की जाने वाली घुसपैठ है। भारत में बैठे वामपंथी इन्हें यहाँ की नागरिकता दिलाने के लिए और यहीं बसाने के लिए एडी चोटी का जोर लगा देते हैं। न्यायालय से लेकर इनके वोटर कार्ड बनवाने तक की व्यवस्था वामी समूह कर देता है। एक बार अप्रवजन हो जाने के बाद स्थान की पहचान में तब्दीली आ जाती है। उसकी अपनी सांस्कृतिक तत्वों वाली पहचान नष्ट हो जाती है। इस तब्दीली से वहां की रुचियाँ, राजनीति और शक्ति संरचना में बदलाव आ जाता है जिससे अशांति फैलाने में आसानी हो जाती है। यही कारण है कि वामपंथी समूह मध्यकालीन नामों को पूर्व नामों से बदलने का विरोध करते हैं। जो भाव फैजाबाद में इन्हें सूट करता है वह अयोध्या से नहीं आ पाता है। दीपावली को जश्न ए चिरागां से विरूपित करना भारत की पहचान नष्ट करने के क्रम में ही देखा जान चाहिए।

6. धार्मिक स्थलों की अनुपयोगिता साबित करना

मध्यकालीन इतिहास में राजपूतों के पतन का कारण पढ़ाया गया तो उसमें विशेष तौर पर यह बात पढ़ाई गयी कि राजपूतों ने भव्य मंदिर बनवाये और वे हार गये। पाठ्यक्रम बनाने वाले वामपंथियों ने यह नरेटिव गढ़ने में सफलता पाई कि मंदिर बनाना हिन्दुओं को पतन की ओर ले गया। पूरी की पूरी पीढ़ी ऐसी निर्मित होती चली गयी जिसके मन में मंदिरों को लेकर

आक्रोश भर गया। उन्होंने अपने पराभव को मंदिरों से जोडकर देखा। यह वामपंथियों की उस चाल की जीत थी जिसमें वह यह कहते हैं कि मंदिर से ज्यादा जरुरी अस्पताल हैं। जब राममंदिर का निर्माण हो रहा था तब कई पार्टियों के नेता जिनकी पृष्ठभूमि वामपंथी थी, उन्होंने पूरी ताकत लगाईं कि अयोध्या में उस जगह अस्पताल या स्कूल बन जाए। 2024 के आम चुनाव में जब भाजपा अयोध्या से हारी तो भी यह नरेटिव बनाने का प्रयास हुआ कि मंदिर बनवाने से भाजपा अयोध्या की सीट हार गयी उसमें भावुक राष्ट्रवादियों का भी एक खेमा सुर मिला रहा था, वास्तव में ये सब जाने अनजाने में सांस्कृतिक मार्क्सवाद के उद्देश्यों के अनुरूप कार्य कर रहे थे।

दरअसल हमें यह स्पष्ट रूप से पढ़ाया ही नही गया कि मंदिर मनुष्य जाति के सामाजिक, आर्थिक, आध्यात्मिक, सांस्कृतिक उद्विकास के केंद्र थे। यदि बताया भी गया तो मंदिरों की अनुदानित भूमि और पुरोहितों पर काल्पनिक कथाओं बनाकर इतिहास के रूप में इस तरह प्रस्तुत किया गया कि मंदिर शब्द से छात्र वितृष्णा करने लगें, और हुआ भी ऐसा ही। कई पीढ़ी तक तमाम ऐसे लोग अपने छात्र जीवन तक निश्चित रूप से प्राप्त ऐसी छद्म सूचनाओं के प्रभाव में रहे। आक्रान्ताओं ने मंदिरों को विरूपित करने में अपनी शक्ति लगाई क्योंकि उन्हें पता था भारत की जनता को संजीवनी कहाँ से मिलती है। भारत में लोग राजा कौन है इस बात के अनुरूप व्यवहार नही करते थे बल्कि हमारी सांस्कृतिक व्यवस्था की सुदृढ़ता यह तय करती थी कि लोगों का व्यवहार और जीने की पद्धति कैसी होनी चाहिए। राममन्दिर का विरोध इसी संदर्भ में समझा जाना चाहिए। यह विरोध पहले मंदिर फिर राम और आखिर में रामराज्य तक पहुंचता है।

एक बात गौर करने लायक है कि अकेले दिल्ली में जाने कितने एकड़ जमीन कुछ पार्टी के नेताओं की समाधियों के नाम पर आवंटित है। उसका कोई ख़ास शैक्षणिक महत्व भी नहीं है, कभी ये वामपंथी वहां पर अस्पताल बनाए जाने को लेकर आन्दोलन नहीं करते। इसी बात से उनके षडयंत्र स्पष्ट हो जाते हैं।

7. नशा और पारिवारिक मर्यादाओं के हनन को प्रोत्साहन

सांस्कृतिक मार्क्सवादी यह जानते हैं कि चेतना को कुंद कर स्थापित संरचनाओं के विरुद्ध अमर्यादित आचरण हेतु प्रोत्साहित किया जा सकता

है इसलिए वह किशोर होते युवाओं में शराब पार्टी को न्यायोचित ठहराते हैं। दिल्ली में मोहल्ले मोहल्ले स्कूल और अस्पताल खोलने का दावा करने वाले दल को हर चौराहे पर शराब की दुकाने खोलने की व्यग्रता देखकर यह पक्का विश्वास हो जाता है कि फ्रैंकफर्ट विचाधारा को स्थापित करने के लिए यहाँ लोग कितने शिद्दत से लगे हुए हैं। परिवार वह संस्था है जो एक पीढ़ी की परम्परा को दूसरे पीढ़ी को हस्तांतरित करता है। इसका हनन हजारों वर्षों के ज्ञान, सभ्यता और आचरण की विधियों का हनन है। परिवार कार्यों को राज्य और कानून का विषय बना देने से वामपंथियों के कार्य आसान हो जाते हैं फिर वह नयी नयी तरकीबें लाकर, विरोध प्रदर्शन कर परिवार की इकाईयों के ऊपर चोट करते हैं। परिवार के प्रेम और अनुशासन को शक्ति और सत्ता से जोड़कर पाठ्यपुस्तकों में पढाये जाने की कवायद करेंगे ताकि हर घटना को पितृ सत्ता का परिणाम घोषित किया जाए।

8. कानून को ढाल बनाकर छिपे हित साधना

भारत में संविधान की दुहाई देते देते संविधान विरोधी कार्यों को करने में वामपंथी माहिर हैं। शाहबानों प्रकरण हो, नागरिकता अधिनियम हो या किसान अधिनियम अथवा हिन्दुओं के समर्थन में आए न्यायालय के निर्णयों को न मानने की छूट और तिस पर संविधान की आड़ लेना सांस्कृतिक मार्क्सवाद का कोर करेक्टर है।

9. मीडिया पर नियंत्रण और दमन

वामपंथी मीडिया पर नियन्त्रण चाहते हैं। चीन, रूस और उत्तरी कोरिया जैसे देशों में मीडिया स्वतंत्र नहीं है। भारत में इसका उलट है। अपने को व्यवस्था से ऊपर रखने की चाह वामपंथियों के तानाशाही दृष्टिकोण को दर्शाता है। वह मूल समाचार को अपने हितों के अनुरूप विरूपित कर मीडिया के माध्यम से देश को नियंत्रित करने का भी प्रयास करते हैं। वे वेब पत्रकारिता के नाम पर असत्य को सत्य के रूप में स्थापित कर उसे जनता को परोसते रहे। कुलभूषण जाधव के मामले में क्विंट की पत्रकारिता ने पूरे देश को झूठे कटघरे में खड़ा करने का काम किया। क्विंट ने यह काम पहली बार नहीं किया बल्कि उसने आतंकी ओसामा बिन लादेन को महान पिता

और पति के रूप में महिमा मंडन किया। फेक खबरों पर सरकारी कार्यवाही इनके लिए अभिव्यक्ति की आज़ादी पर हमला होता है। एनडीटीवी समूह के एक पत्रकार ने अपनी टीवी स्क्रीन काली कर दी थी, मामला एक असत्य समाचार को लेकर डर का माहौल बनाने का था। ये लोग दूसरे पत्रकारों को गोदी, फैन बॉय और महिला पत्रकारों को चियर्स लीडर्स जैसे अभद्र संज्ञाएँ दीं और तुर्रा यह कि ये लोग भद्रता के एकमात्र देव हैं। वामपंथी मीडिया पीड़ित को उत्पीड़क और उत्पीड़क को पीड़ित साबित करने में माहिर है।

गुजरात दंगे की फेक रिपोर्टिंग वामी मीडिया के जघन्य कृत्यों का उदाहरण है। जो दो तस्वीरें इस दंगे के पोस्टर के रूप में प्रस्तुत की गयीं वास्तव में उनका दंगे से कोई लेना देना ही नहीं था। जिस व्यक्ति को हाथ में रॉड लिए दोनों हाथों को उठाये दंगाइयों को मारने के लिए आगे बढ़ते दिखाया गया और एक मुसलमान को हाथ जोड़े दिखाया गया दोनों बनावटी मीडिया ने तैयार की थीं जो दंगों का प्रतीक बन गयीं। हाथों में रॉड लेकर और हाथ उठाकर एक ऐसे व्यक्ति को फोटो खिंचवाने को कहा गया जो सडक पर मोची का काम करता था। उसका नाम अशोक मोची था, भोलेपन में उसने वह फोटो खिंचवा ली। आज भी वह अहमदाबाद की सड़कों पर जूते पालिश करता है। एक इंटरव्यू में उसने बताया कि तीस्ता सीतलवाड ने जबरदस्ती उसे आतंकवादी बना दिया। यही हाल हाथ जोड़े कुतुबुद्दीन अंसारी के साथ हुआ उन्हें दंगाइयों के आगे हाथ जोड़े दिखाया लेकिन वह पुलिस से सहायता मांगने गया था और उसकी स्टिल फोटोग्राफी कर मीडिया ने खूब पैसे बनाये। रायटर के फ़ोटोग्राफ़र को अशोक मोची की हिंसात्मक पोज के लिए इनाम भी मिला।

सुपारी पत्रकारिता का एक और जघन्य उदाहरण तहलका डॉट कॉम था। ये लोग फर्जी स्टिंग के सहारे अपना शिकंजा राजनेताओं और अधिकारियों पर कसकर मोटी कमाई करते थे। बाद में इसमें शामिल पत्रकारों में कोई बलात्कार का आरोपी निकला और कोई कालेधन को ठिकाने लगाने का आरोपी निकला।

नीरा राडिया टेप ने मीडिया के बड़े बड़े चेहरे को बेपर्दा कर दिया। बड़े बड़े पत्रकारों को देश ने नई भूमिका में देखा और पढ़ा। देश ने जाना कि कैसे बड़े नामचीन पत्रकार भारत सरकार में मंत्री बनाने का ठेका लेते

हैं ताकि उस मंत्री के सहयोग से कॉर्पोरेट घरानों के हित साधे जा सकें। बेनकाब होने के बाद ये लोग बेशर्मी से जनता के बीच स्वयं को पत्रकार कहते आज फिरते हैं। अनैतिक होने के बाद भी खाल मोटी कर झूठ को सच करते रहना वामपंथियों की मुख्य पहचान है।

24

वामपंथी वाहक

भारत में वामपंथी वाहक प्रमुख रूप से अकादमिक एजेंट, मास मीडिया, फिल्म उद्योग और औपचारिक संस्थाओ में पाए जाते हैं।

1. अकादमिक एजेंट

इस विचारधारा यानी सांस्कृतिक मार्क्सवाद का प्रभाव अकादमिक जगत में व्यवस्थित ढंग से देखा जा सकता है इसके कुछ चरण[25] इस प्रकार हैं,

1. औपनिवेशिक चरण (भारत में स्वतंत्रता के बाद की शिक्षा)
2. छद्म धर्मनिरपेक्षता वादी चरण
3. महत्वपूर्ण सिद्धांत चरण
4. उत्तर आधुनिकतावादी चरण
5. उत्तर संरचनावादी चरण
6. अनुपयुक्त अकादमिक समाज का चरण
7. अकादमिक के माध्यम से नया वामपंथी सांस्कृतिक अध्ययन का चरण
8. अकादमी द्वारा नियंत्रित पहचान की राजनीति का चरण

कमोबेश भारत के विश्वविद्यालय सांस्कृतिक मार्क्सवाद के टूल के तौर पर काम करते देखे जा सकते हैं। प्रायः नरेटिव गढ़ने का कार्य अकादमिक जगत में पहले होता है और बाद में उसे जन सामान्य में विमर्श के रूप में, गोष्ठी और सेमीनार के रूप में लाया जा है। उत्तर संरचनावाद का बखूबी

इस्तेमाल सिद्धांत को समझने में किया जाता है। उत्तर संरचनावाद में 'अन्य विकल्प' या पाठ के विखंडन के बारे में हमने पीछे पढ़ा है। वामपंथी प्रोफेसर हर सामान्य और स्वीकृत तथ्य के अलग और विखंडनकारी अर्थ लेकर आते हैं। उदाहरण के लिए एकलव्य ऊंची जाति का शिकार है क्योंकि द्रोणाचार्य ने उसे तीरंदाजी में प्रशिक्षित करने से इनकार कर दिया या शिवाजी महाराज का समाजवादी प्रतिपादन/ शिवाजी पश्चिमी अर्थों में धर्मनिरपेक्ष थे और एक हिंदू प्रतीक के रूप में उनकी छवि मुख्य धारा की हिंदू आबादी की एक राजनीतिक चाल है। औरंगजेब को एक धर्मनिरपेक्ष नेता के रूप में पढ़ाना, महिषासुर शिकार के रूप में, बाली एक शिकार के रूप में, रावण एक नायक रूप में, सीता को ये लोग भारतीय पारिवारिक व्यवस्था की एक पीड़िता के रूप में दिखाकर भारतीय परिवार को दमनकारी शक्ति केंद्र रूप सिद्ध करते हैं जो महिलाओं को दबाने वाली व्यवस्था है। पिता को खलनायक के रूप में चित्रित करते हैं। महिलाएं दलित और सभी प्रकार के धार्मिक जाति और भाषाई अल्पसंख्यक स्थाई रूप से पीड़ित हैं। अरबपति भी यदि अल्पसंख्यक है तो वह शोषित और दमित है।

धार्मिक अधिकारों के बहाने राष्ट्रगान का विरोध, अल्पसंख्यकों के बहाने राष्ट्रीय गीत का विरोध विमर्श के रूप में अकादमिक जगत में आता है। इसके अलावा महाकाव्य के पात्रों को यह बहुत अलग परिप्रेक्ष्य में चित्रण करते हैं जो उनके मूल चरित्र चित्रण से अत्यधिक अलग होता है उदाहरण के लिए महिषासुर को एक नायक रूप में प्रस्तुत करना ऐतिहासिकता और वास्तविकता के बिल्कुल विपरीत है। इसी तरह वे रावण की छवि को नया आकार देते हैं।

भारतीय त्योहारों को वैकल्पिक अर्थ देने में वामपंथी माहिर है। उदाहरण के लिए होली को यौन शोषण और छेड़छाड़ से जुड़े त्यौहार से जोड़कर नरेटिव बनाते हैं या दीपावली को प्रदूषण में योगदान देने वाले उत्सव के रूप में लेबलिंग करना इनके कुटिल उद्देश्यों को प्रदर्शित करता है। इनके द्वारा निर्मित कथाएं और अर्थ इन उत्सवों से जुड़े हुए आनंद में अर्थ को चुनौती देता है। वामपंथी बड़े ही सलीके और नफासत के साथ विरूपित नरेटिव का निर्माण करके और अपने एजेंटों के माध्यम से संचालित करके इस दिशा में आगे बढ़ते हैं।

1.1. भारत के वामपंथी प्रोफेसर

भारत के विश्वविद्यालयों में काम करने वाले ज्यादातर बुद्धिजीवी बाहरी देशों के वामपंथियों द्वारा किये गये वमन से बौद्धिक बनते हैं, इनका कोई अपना मौलिक विचार नहीं है। भारत के विश्वविद्यालय और कॉलेज जड़ता से संक्रमित रहे हैं जहाँ पर बड़ी संख्या में काम करने वाले प्रोफेसरों ने उधार के विदेशी विचारकों की उल्टी चाट कर बौद्धिकता का सर्टिफिकेट लिया है।

भारत का अकादमिक जगत जितना मौलिक विहीन है शायद उतना किसी और देश का नही होगा। यहाँ काम करने वाले कृपण-कुंठित प्रोफेसर, अहम् में डूबे कुलपति और वामपंथ के गिरोहियों की दुर्गन्धयुक्त गाथाओं से शैक्षिक इतिहास भरा पड़ा है। उस शिक्षक को उतना बड़ा माना जाता है जो बाहरी पाठ्यक्रम की उल्टी जितना अधिक कर पाता है।

भारत के अधिकांश वामी प्रोफेसर्स की रचनात्मकता कुंठित है। शोध के नाम पर तमाम औपचारिकताएं हैं और ज्ञान के नाम पर केवल और केवल अंग्रेजी भाषा में छपे अप्रासंगिक औपनवेशिक बातें हैं। सरकारी कॉलेज और यूनिवर्सिटी में शिक्षक क्लास लेने से ज्यादा अपने हित साधने में लगे रहते, बाकी प्राइवेट अकादमिक संस्थानों में उन्हें क्लर्क बन कर रहना पड़ता। उनकी रीढ़ इतनी गल गयी है कि फ्रेम और लाइन्स से जरा भी इधर उधर होना उनकी हांड़ कंपा देता है। ज्ञान की मौलिक रचना की बजाय अधिकतर प्रोफेसर सिर्फ प्रतिक्रिया करते हैं। पश्चिम के पाठ्यक्रम को रट कर वही क्लास में उड़ेल देते हैं, वही पढ़ाते है, उसी पर फर्जी शोध कराते हैं। ऐसी पढ़ाई लिखाई या शोध का महत्व मार्क्सवादी प्रोजेक्ट के लिए हो सकता है पर भारत की ज्ञान संपदा का उससे जरा सा भी भला नही होने वाला।

पढ़ाने और समझाने का कोई भी भारतीय तरीका विकसित नही हो पाया। एक तथ्य एक सिद्धांत जो मौलिक रूप से भारतीय हो गढ़ा नही जा सका। बस बाहर के तथाकथित विद्वानों को पढ़ कर उन पर टीका लिख कर या भारत के अध्ययन को पश्चिमी तरीके से प्रस्तुत कर मौलिकता का फर्जी प्रमाणपत्र लिया दिया जाता है।

एक काम ये बड़े ध्यान से करते हैं कि बैंक बैलेंस कितना बढ़ा। उत्तर-पुस्तिकाएं जांचना छात्र मूल्यांकन के लिए नहीं अपितु अधिक पैसे बनाने

के लिए होता है। उत्तर-पुस्तिकाओं पर झपटते एक-एक कॉपी के लिए सिर फुटौवल करते अधिकांश प्रोफेसर इस बात पर फोकस नही करते कि बच्चों ने लिखा क्या, बल्कि कॉपी के वजन के अनुसार नम्बर देने में इनकी कलाकारी देखते बनती है। ये डरपोक, निहायत स्वार्थी, खोल में सिमटे हुए लोग हैं जो थोथी नैतिकता का चोगा ओढ़े रहते हैं। नालंदा और तक्षशिला की परंपरा से कोसों दूर रहने वाले इन लोगों को सामाजिक उद्विकास और उसमें सकारात्मक भूमिका से कोई मतलब नही है। मार्कशीट के कारखाने में काम करने से अधिक इनका कोई योगदान नही है। इन्हें बहुत आसानी से गुलाम बनाया जा सकता है। बाहर के वामपंथी इन्हें निर्देश देते हैं। ये प्रोफेसर आज्ञा पालन में उस्ताद होते हैं इसलिए इनके जरिये फ्रैंकफर्ट स्कूल भारत में पलता बढ़ता है। अगली पीढ़ी के सहायक अध्यापकों की नियुक्ति में भी यह ध्यान रखा जाता है कि उम्मीदवार आज्ञा पालन करने वाला हो। दिल्ली विश्वविद्यालय में पढ़ाने वाले सुधीश पचौरी एक इंटरव्यू में बताते हैं कि उन्होंने दसियों ऐसे प्रोफेसरों का चयन विश्वविद्यालय में किया जिनकी योग्यता यह थी कि वे लेफ्ट आइडियोलॉजी समूह से थे, इसलिए भारत के ज्यादातर प्रोफेसर जाने अनजाने में सांस्कृतिक मार्क्सवाद के टूल के ही रूप में सामने आते हैं।

2. मॉस मीडिया

जब भी देश में कहीं हिंसा भड़कती है तो वामपंथी मीडिया बहुसंख्यक समाज को लक्ष्य बनाने लगता, व्यक्ति के धर्म का नाम लेने का कोई मौका नहीं छोड़ते हैं हालांकि जब यह लोग अपराधी होते हैं तो यह सब समुदाय या भीड़ के उल्लेख मात्र तक का सीमित हो जाता है। जबकि साक्ष्य के आधार पर यह पता चलता है कि रामनवमी हो या दुर्गापूजा का अवसर, शोभायात्रा में की गयी हिंसा पूरी तरह से सुनियोजित रहती है। हिंसा करने वाले स्वयं को पीड़ित दिखाने और वैकल्पिक अर्थ तैयार के लिए झूठी कहानियां लेकर मीडिया में फैलाने की योजना घटना के बहुत पहले ही बन गयी होती है।

मेवात और दिल्ली की हिंसा में यही हुआ। वामपंथी मीडिया ने शाहरुख़ नामक युवक को अनुराग मिश्रा बताते हुए हिंसा का दायित्व ब्राह्मणवाद पर फोड़ दिया और इस बहाने हिंदू डिसमेंटल के प्रयोजन को भी साधने की कोशिश की जाती रही। मीडिया में वामपंथी पूँजीवाद की

व्याख्या पूर्व में की जा चुकी है लेकिन इसी क्रम में एक और उदाहरण से बात को स्पष्ट करते हैं।

उज्जैन बलात्कार मामला वामपंथी मीडिया के इसी पाखंड को दर्शाता है। वेब और इलेक्ट्रॉनिक समाचार एजेंसियों ने चतुराई से पुजारी राहुल शर्मा का नाम छुपाया जिसने पीड़ित छोटी लड़की को भोजन और शरीर ढकने के लिए कपड़े देकर मदद की और उसकी अर्धनग्न स्थिति को देखने के बाद उसे अस्पताल में भर्ती कराया इसके बजाय हुए मीडिया ने जानबूझकर अपराध को शक्ति पूजा से जोडकर एक बार फिर डीकंस्ट्रक्शन यानी उत्तर संरचनावाद के विखंडन सिद्धांत का प्रयोग करते हुए एक ऐसी कहानी तैयार की जो देवी के अनुयायियों को विकृत मानसिकता से जोड़ती है इसके अलावा इन लोगों द्वारा मणिपुर हिंसा की रिपोर्टिंग जोर शोर से हुई लेकिन उन्होंने जानबूझकर पश्चिम बंगाल में हुई उसे घटना को नहीं दिखाया और उजागर नहीं किया जो मणिपुर जितनी ही भयानक थी जहां एक भाजपा उम्मीदवार की साड़ी और अन्तः वस्त्र उतार कर नग्न परेड करवाई गयी। पंजाब में महिला को नग्न घुमाने की घटना वामपंथी मीडिया से गायब रही। इन मामलों को वाम मीडिया ने पूरी ताकत के साथ दबा दिया गया।

वामपंथी मीडिया अनाम और अज्ञात स्रोतों का हवाला देकर घटनाओं को सही साबित करने की कोशिश करता है। यह तरीका कार्ल मार्क्स वाला ही है जिसमें वह एक काल्पनिक यूटोपिया को सही साबित करने के क्रम में घटनाओं को टूल के रूप में इस्तेमाल करता था। प्रायः मीडिया अपने समूह के नेतृत्व द्वारा 'मेरे पास किसी का फोन आया, मुझे किसी ने बताया है, मैंने सत्यापित कर लिया है, मेरे पास सात सौ पन्ने के सबूत है, फलाने जगह फलाना आदमी था, इसको उसके साथ देखा' जैसे वाक्यों को आधार मानकर खबर बनाता है और वही खबर अपने सोशल मीडिया, प्रिंट मीडिया, इलेक्ट्रॉनिक मीडिया में संबोधन चिन्ह (!) लगाकर प्रसारित करता है, ब्रेकिंग न्यूज़ में फर्जी बातों और अविश्वसनीय थम्बनेल लगाकर चलाता है।

3. फिल्म उद्योग

फिल्म उद्योग में हिंदू धर्म वाले अधिकतर किरदारों को बेईमान, धूर्त और क्रूर दिखाया गया है उदाहरण के लिए वेब सीरीज सिटी आफ ड्रीम्स में

बलात्कार जैसे जघन्य अपराध को एक हिंदू के साथ जोड़कर दिखाया गया है जो माथे पर एक पवित्र टीका लगाए हुए है रुद्राक्ष की माला पहना है। यह सच है कि अपराध का कोई धर्म नहीं होता लेकिन मुंबई फिल्म उद्योग की यह मानसिकता अधिकतर मामलों में सिर्फ हिंदू धर्म पर ही लागू होती है। दीवार फिल्म का नायक वैसे नास्तिक होता है लेकिन अपने साथ 786 का सिक्का हमेशा रखता है। फिल्मों हिंदुत्व के इतर अन्य धर्मों के लोगों को अपने ईमान के पक्के के तौर पर प्रस्तुत किया जाता रहा है।

4. औपचारिक संस्थाएं

औपचारिक संस्थाएं चाहे वे राजनीतिक हों, सांस्कृतिक हों या विधिक, ये सभी वामपंथी इकोसिस्टम के दबाव में आ जाती हैं। याकूब मेनन की फांसी रुकवाने की सुनवाई के लिए अदालत आधी रात को खुल जाती है।

ऐसे ही लिखने पढने वाली पत्र पत्रिकाओं में वाम विचार की मुख पृष्ठ बनी रहीं। दिल्ली प्रेस की हर पत्रिका में एक कहानी ढोंगी पंडित से जुडी होती थी। ज्योतिष पर अनेक फर्जी बातें लिखी होती थीं। फिल्मों की तरह एक सूदखोर लाला भी इन्हीं का निर्मित विचार था। तमाम कहानियों में दलित की नव ब्याहता को सुहागरात से पहले ठाकुर के बंगले पर जाना होता था। तुलसीदास को पथभ्रष्टक दिखाने के आलेख छपते थे। इन पत्रिकाओं के किसी न किसी अंक में एक कहानी ऐसी अवश्य होती थी जिसमें कोई साधु या तांत्रिक बलात्कार करता था जिसका वर्णन वयस्क फिल्मों के कथानक जैसा होता था।

बाजार से लेकर रोजमर्रा के जीवन में परम्पराओं तोड़ने को प्रोत्साहित करने वाली संस्थाएं खड़ी की गयीं। तीव्र विज्ञापनों के जरिये मर्यादाएं तोड़ी गयीं और नयेपन के नाम पर वामपंथी संस्कृति घर घर पहुंचाई गयी। पत्र-पत्रिकाओं, किताबों, पाठ्यक्रमों के जरिये वामपंथी को पढ़े लिखे और आधुनिक होने का पर्याय बना दिया।

25

वामपंथ का राष्ट्रद्रोह

मार्क्सवाद में राष्ट्रवाद नाम का कोई शब्द नहीं है इसलिए यह अंतर्राष्ट्रीय भाईचारे के नाम पर राष्ट्रघात करते हुए जरा भी नहीं हिचकते न तनिक भी शर्म करते हैं। वामियों का अंतरराष्ट्रीय भाईचारा पूँजीवाद की चापलूसी पर आधारित है। इसका एक उदाहरण लोकमान्य तिलक के स्वदेशी आन्दोलन के समय देखने को मिलता है जब उन्होंने विदेशी वस्तुओं के बहिष्कार का आन्दोलन चलाया। यह आन्दोलन भारत के स्वदेशी उद्योगों को बचाने के लिए था जिससे देश के श्रमिकों, जुलाहों बुनकरों और छोटे मंझोले शिल्पकारों की रोजी-रोटी का मसला हल होता था लेकिन उस समय कम्युनिस्ट इंटरनेशनल ने भारत में अपने एजेंटों को निर्देश दिया कि इस आन्दोलन का घोर विरोध किया जाय क्योंकि यदि ब्रिटेन के लंकाशायर और मानचेस्टर स्थित कपड़ा मिलें घाटे में आती हैं तो कम्युनिस्टों को उनसे मिलने वाला फण्ड बंद हो जाएगा। यह सब ब्रिटेन के मजदूरों के बेरोजगार होने से बचाने नाम पर किया गया। भारत ब्रिटेन का बाजार था तो इस बाजार को बचाने के लिए बाजारवाद का विरोध करने वाली वामपंथी शक्तियां उतर आयीं। इससे भारतीय कम्युनिस्टों का अपने देश के मजदूरों के प्रति घृणात्मक रवैया और भारत के प्रति द्रोह सामने आ जाता है।

भारत के प्रति वामपंथियों की घृणा का मुख्य कारण भारत से इनकी असंबद्धता है। न तो इनकी स्थापना भारत में हुई, न तो इनके संस्थापक भारतीय हितचिन्तक थे और न ही इनकी स्थापना किसी भारतीय समस्या के निदान के कारण हुई। जब तुर्की में सत्ता पलटी और ऑटोमन

साम्राज्य ख़त्म हुआ, साथ ही खिलाफत भी ख़त्म हुई तो भारत के मजहबी-उन्मादी कट्टरपंथी समुदाय विशेष वर्ग में इसकी जबर्दस्त प्रतिक्रिया हुई और उसमें से अनेक व्यक्ति देश से पलायन या हिजरत करके विदेशों में चले गए। इनमें कुछ प्रमुख नाम एम.एन. राय, मुजफ्फर अहमद, शौकत उस्मानी, गुलाम हुसैन, अबनि मुखर्जी, नलिनी गुप्त इत्यादि के हैं किंतु वास्तविकता यह है कि भारत में कम्युनिस्ट पार्टी के संस्थापक या प्रारंभिक सदस्यों में अधिकतर वे कट्टरपंथी-मजहबी थे, जो तुर्की में खलीफा की हुकूमत समाप्त हो जाने की वजह से पवित्र भारत-भूमि को हिकारत से “काफिरों की धरती” बताकर अफगानिस्तान के रास्ते ताशकंद पहुंच गए थे। वामपंथ भारतीय धर्म के विरुद्ध क्यों है, इस घटना से समझा जा सकता है।

वामपंथियों ने भारत के राष्ट्रीय आन्दोलन और 1930-32 के दौरान चलाए गए सविनय अवज्ञा आंदोलन का अत्यधिक विरोध किया लेकिन 1935 में कम्युनिस्ट इंटरनेशनल के सातवें सम्मेलन ने भारत के मार्क्सवादियों को कांग्रेस के साथ गठजोड़ कर संयुक्त मोर्चा बनाने का निर्देश दिया तो जिस कांग्रेस को वे कोसते थे उसी के साथ गठबंधन कर लिया। कांग्रेस समाजवादी दल में घुसपैठ कर वामपंथी आम जनता में एक नैतिक मुखौटा पहन कर गये और जनवाद के नाम पर अपनी जमीन तलाशने लगे। मकसद पूरा होने तक धोखा देने की नीति का पालन करते हुए कामरेडों ने धीरे धीरे कांग्रेस के ट्रेड यूनियन पर कब्जा कर लिया।

इसी बीच वामपंथियों का एक और दोहरापन चरित्र सामने आता है। द्वितीय विश्वयुद्ध छिड़ने के प्रारंभिक समय में सोवियत संघ उसमें भाग नहीं ले रहा है तो यहाँ के कम्युनिस्टों ने खूब गाना गाया, जर्मन और अंग्रेज लड़ रहे राज करने की खातिर।

हिन्दुस्तानी कोई मत जइयो वहां मरने की खातिर। किंतु जैसे ही जर्मनी ने सोवियत भूमि पर हमला किया तो वहां के तानाशाह स्टालिन ने उसी पूँजीवादी ब्रिटेन के विन्स्टन चर्चिल की शरण ली जिस पूँजीवाद को वामपंथी पानी पी पीकर कोसते थे। अब वामी गवैये गिरगिट की तरह रंग बदल लिए और इस युद्ध को जनवादी युद्ध कहने लगे।

वामपंथियों ने राष्ट्रीय आन्दोलन की पीठ में किस तरह छुरा घोंपा, इसे उनकी नेता जी सुभाषचंद्र बोस के प्रति अभद्र टिप्पणियों से समझा जाय।

राष्ट्र द्रोह के चलते कम्युनिस्टों ने नेताजी सुभाष चन्द्र बोस को तोजो का कुत्ता, पूँजीपतियों का दलाल आदि कहकर उनका अपमान किया। मजे की बात यह है कि सुभाष बाबू के तथाकथित हवाई दुर्घटना में निधन के बाद आजाद हिन्द फ़ौज और फॉरवर्ड ब्लाक वामपंथी गुट में शामिल हो गए।

वामपंथियों ने भारत की आजादी के आन्दोलन का किस प्रकार विरोध किया इसे इस बात से समझा जा सकता है कि जब भारत छोड़ो आन्दोलन चल रहा था तो भारत की कम्युनिस्ट पार्टी के महासचिव पी.सी. जोशी ने जुलाई, 1942 में भारत सरकार के गृहसचिव को पत्र लिखकर अंग्रेजों को हर तरह की सहायता देने का वादा किया और कहा की पार्टी अंग्रेजों का समर्थन करने के लिए कृत संकल्पित है। वामपंथियों की इन राष्ट्रघाती साजिश और गतिविधियों को लेकर पं. जवाहर लाल नेहरू ने 1945 में कहा था कि जब देश के हित के लिए लाखों भारतीयों ने अपना सर्वस्व दांव पर लगा दिया था, उस समय कम्युनिस्ट देश के शत्रुओं से जा मिले थे, इस बात को कभी भी भुलाया नहीं जा सकता है।

1942 में भारत की कम्युनिस्ट पार्टी के पोलित ब्यूरो ने अधिकृत रूप से एक प्रस्ताव पारित किया जिसमें भारत के प्रत्येक भाग को अलग होमलैण्ड के रूप में बताया गया और उन्हें स्वतंत्र देश के रूप में मान्यता मिलने की बात कही। वामपंथियों की दृष्टि में केवल उत्तर क्षेत्र में रहने वाले लोग ही भारतीय हैं बाकी के लिए अलग देश होना चाहिए। उसी समय यह भी प्रस्ताव रखा गया कि भारत राष्ट्र नहीं है बल्कि अलग अलग राष्ट्रीयताओं के समूहों से मिलकर बना एक संघ है। अत: इन राष्ट्रीयताओं को उस संघ से अलग होने का अधिकार है।

मुस्लिम लीग एक पाकिस्तान के पीछे पड़ी थी तो वामपंथी देश के सैकड़ों टुकड़े करना चाहते थे। वे केरल के मलाबार क्षेत्र में अलग से एक मोपलिस्तान के निर्माण की मांग बहुत दिन तक करते रहे।

वामपंथियों का देशद्रोह तब और खुलकर सामने आ जाता है जब 1962 में हुए चीनी आक्रमण के दौरान उन्होंने चीन को आक्रमणकारी मानने से इनकार कर दिया था। चूँकि बाद में सोवियत संघ ने सीपीआई से नेहरु की विदेश नीति के समर्थन करने को कहा तो सीपीआई में दो फाड़ हो गया और एक सोवियत के साथ चली गयी तो सीपीआई एम ने चीन का समर्थन शुरू कर दिया जबकि कहने को दोनों भारतीय दल थे।

वामपंथी हर उस बात का समर्थन करते हैं जिससे देश की एकता और अखंडता को खतरा होता है या जिससे देश की साझा संस्कृति को नुकसान पहुंचता है। इसलिए यह कहा जाता है कि वामपंथी मास्क के पीछे राष्ट्रद्रोही का चेहरा है।

26

आजादी का मुखौटा

वामपंथियों के लिए आजादी का अर्थ मनमर्जी के मुखौटे लगाने और दूसरे लोगों से उसे मनवाने का है। दरअसल मुखौटे लगाकर आप वह अभिव्यक्त कर सकते जो स्वयं के चेहरे के साथ नही कर सकते हैं। उदाहरण के लिए फेक आई डी बना कर आप कुछ भी कहने के लिए स्वतंत्र हो जाते हैं।

जबकि समाज में व्यक्ति अपनी पहचान के लिए संघर्ष करता है, वामपंथियों का वर्ग ऐसा है जो इस बात के लिए लड़ाई छेड़े है कि उसकी पहचान उस रूप में न आये जिस रूप में वह है यानी वह अपने प्रति भी संशय भाव लिए जी रहा है और चाहता है कि समाज भी ऐसा हो, ऐसा होने से उसके दुष्कर्म भी बिना पहचाने रह जाएंगे, वह आराम से उन्हें करता रहेगा।

इस आजादी के आंदोलन का उद्देश्य मन पसंद गुलामी पाना है। दरअसल मानवीय गरिमा के नाम पर गुलामी अपनाने की आजादी को लेकर यह आंदोलन पोर्न इंडस्ट्री से निकला और समाज में नएपन के नाम से फैल गया। वामपंथ की एक विशेषता निरंतर लड़ने झगड़ने की रही है, अशांति और रुदन इनकी प्राणवायु है अतः इस मनपसंद गुलामी को लेकर ये मुखर हो गए।

आजादी का एक संघर्ष हमें उस रूप में देखने को मिल रहा है जिसमें स्वयं नाचने को डिस्को और दूसरे के नाचने को मुजरा कहने की मान्यता को लेकर है। खुद झूठ बोलेगा, खुद बलात्कार का समर्थन करेगा, खुद भ्रष्टाचार करेगा पर आरोप दूसरे पर लगाएगा और चाहेगा कि समाज इसे स्वीकार करे, ऐसा न करने पर समाज को फासीवादी कहेगा, समूल नाश

के लिए चे का आह्वान करेगा, माओ को बुलाएगा, पाश को गाएगा और रात में व्हिस्की पीते हुए ढपली बजाएगा।

एक आजादी मांगने वाला वर्ग ऐसा है जो आजादी के नाम पर हाथी को चींटी, और चींटी को डायनासौर मानने के लिए धरना प्रदर्शन करता है।

इसके लिए वामपंथ मास्क पहनता है ताकि वास्तविक रूप से उसे कोई पहचान नहीं पाए। भारत में सेक्युलरिज्म का मास्क, मानवाधिकार का मास्क पहने वामपंथी, हमें चाहिए आजादी की बेसुरी ढफली बजाता है और उसे बीथोवन की सिम्फनी से भी मधुर मानने की जिद करता है।

वामपंथी मुखौटे के सहारे अलग अलग नरेटिव बनाता है। वैश्विक स्तर पर मानवाधिकार का मुखौटा लगाकर हिंसक घटनाओं को न्यायोचित ठहराएगा। अफगानिस्तान में केवल तालिबान को सही बताएगा, बोको हरम को न्याय का समूह बताएगा। भारत में वामपंथी कभी किसान का, कभी अल्पसंख्यक का, कभी नारीवाद का तो कभी सामजिक कार्यकर्ता का मुखौटा पहनेगा, आम चुनावों में वह ब्राह्मण, राजपूत, दलित, जाट गुज्जर के मुखौटे लगा घोर जातिवाद कर सामाजिक न्याय को स्थापित करने की बात करेगा।

27

विक्टिम कार्ड

विक्टिम कार्ड यानी स्वयं को शाश्वत पीड़ित के रूप में रखना वामपंथियों की बड़ी गहरी चाल होती है। वामपंथी जानते हैं कि गरीब जैसे दिखना, हमेशा अपने को विक्टिम के रूप में प्रस्तुत करना, खुद को दीनता, कमजोरी और उदासी की ओट में रखना कितनी सफल रणनीति है। अधिनायक होने के बाद भी सर्वहारा का मास्क यह नहीं उतारते हैं क्योंकि उससे नरेटिव बनाने में आसानी होती है।

कार्ल मार्क्स के जीवन में सुख सुविधाओं की कमी नहीं थी पर उसे गुरबत में जीने वाला बताया जाता है। वास्तव में पीड़ा ही वामपंथ का आधार है, पीड़ा ख़त्म वामपंथ ख़त्म। इसलिए ये लोग भरसक कोशिश करते हैं कि जनता उन्हें पीड़ित समझती रहे। इसी विक्टिम वाद के चलते अल्पसंख्यकवाद आया, इसी के चलते विषैले नारीवाद से लेकर समलैंगिकता वाद अस्तित्व में आया। अंतहीन पीड़ित वामपंथी के रास्ते पर स्वर्ण मुद्राएँ बिछा दी जाएँ फिर भी उसके चेहरे पर से उदासी और मनहूसियत नहीं जायेगी क्योंकि उनके अस्तित्व का आधार ही विक्टिमाइज्ड होने में है।

भारत में विक्टिम गेम का एक बड़ा ही अच्छा उदहारण दिया जा सकता है। दिल्ली में आन्दोलन के सहारे एक वामपंथी प्रभाव वाला दल सत्ता में आया। आम आदमी से अपनी निकटता और आम लोगों जैसे दिखने के लिए वामपंथी दलों के नेताओं ने अपने घोषणापत्र में बँगला, सिक्योरिटी और तमाम लक्जरी चीजों की सुविधाएं लेने से इनकार कर दिया लेकिन बाद में उसी पार्टी के शीर्ष नेतृत्व ने अपने लिए शानदार इमारत बनवाई जिसे देखकर उद्योगपति भी लजा जाएँ, निजी सुरक्षाकर्मियों (बाउंसर) की

फ़ौज तैयार कर ली, प्राइवेट जेट विमान से चलने लगे लेकिन शर्ट और चप्पल 200 रूपये वाली पहनी ताकि आम जनता को यह लगे कि उनके नेतृत्व के पास पहनने को ढंग के कपड़े भी नहीं हैं।

सम्पूर्ण विश्व में जहाँ भी वामपंथी हैं वह विक्टिम कार्ड के सहारे अपनी चाल चल रहे हैं। क्रिटिकल रेस सिद्धांत में अश्वेत लोगों जन्मजात पीड़ित दिखा दिया गया ठीक यही भारत में हुआ। एक विशेष जाति में पैदा होने के कारण शोषक और शोषित की परिभाषा वामपंथियों द्वारा तय हो जाती है।

वामपंथियों के पीड़ित होने के मुखौटे के पीछे अत्यंत क्रूर चेहरा छुपा रहता है जिसके बेनकाब होने के बाद ही इनकी असलियत सामने आती है अन्यथा जनता की नज़र में ये बड़े भोले भाले और दीन हीन शोषित वंचित बने रहते हैं। यह वे लखपति भिखारी हैं जिनके बोरे के अंदर पैसा भरा रहता है लेकिन हाथ का कटोरा ता-कयामत खाली होता है।

28

जॉम्बीवाद

वामपंथी अपने को फंडामेंटल विचारधारा के विरोध में लड़ने वाले बताते हैं जबकि फंडामेंटल जैसी अवधारणा अब विश्व में केवल सीरिया, तालिबान या ईराक जैसे देशों में बची है जिसके समर्थन में वामपंथी दिन में चौबीस घंटे की बजाय छत्तीस घंटे रोते रहते हैं। फंडामेंटलिज्म को लेकर यह कहा जाता है कि यह वह विचारधारा है जो सेक्सुअलिटी यानी कामात्मकता का दमन करती है, सैन्य बल और पितृसत्ता का महिमामंडन करती है साथ में ही आधुनिकता का प्रबल विरोध करती है। यह बात सही है कि सातवीं शताब्दी से लेकर बारहवी/ चौदहवीं शताब्दी तक यूरोप में राज्य और चर्च के बीच के अधिपत्य को लेकर जो स्तरहीन संघर्ष हुआ उसका खामियाजा तत्कालीन समाज की स्त्रियों को भुगतना पड़ा। राज्य के पास सैन्य शक्ति थी अतः वह उसके महिमा मंडन में लगा रहा। आज स्त्रियों को बुरके में ढक कर रखने का समर्थन कौन सी विचारधारा कर रही है इस पर वामी कुछ नहीं बोलते जबकि नेशनलिज्म को फंडामेंटलिज्म से जोड़कर उसे स्त्री विरोधी, आधुनिकता विरोधी, तानाशाही इत्यादि के लेबल से खूब चिपकाते हैं। दरअसल फंडामेंटलिज्म एक औपनिवेशिक अवशेष है जिसे वामपंथी अभी तक जीवित रखे हुए हैं ताकि उनकी दुकान चलती रहे। आधुनिकता का विरोध फंडामेंटल होने के कारण नहीं बल्कि आधुनिकता के दुर्गुणों और उसके परिणामों की वजह से है।

वामपंथियों की सबसे बड़ी दिक्कत यह है कि ये हर जगह उदासी का मौसम ढूंढ लेते हैं, कितना भी खुशगवार संगीत हो पर उसमें जब तक ये टुटही पिपिहरी की पीं पीं नही सुन लेते तब तक ये भयानक बेचैनी में रहते

हैं। इनका सुख ही रेस्ट वर्ल्ड के अवसाद और पीड़ा में निहित है। वामपंथियों में वर्णान्धता का रोग होता है इसलिए ये फंडामेंटल और संघ में अंतर नही कर पाते। सेक्सुअल डिजायर के प्रचार प्रसार में जुटी इनकी बेकामी स्त्रियाँ इनका केवल एक मात्र टूल हैं। इन बेकामिनी स्त्रियों को लगता है कि बस पितृ सत्ता ढह जाए तो समाज में 'रावण राज्य' आ जाएगा जहाँ किसी को भी किसी के साथ सोने की आज़ादी मिल जायेगी। खैर बुद्धि विवेक की भाषा इन्हें समझ में आनी नही क्योंकि इनका मष्तिष्क अधो-कटि प्रदेश में स्थित रहता है अतः इनको पश्चिम के फंडामेंटल व्यवस्था और भारत के वसुधैव कुटुम्बकम अंतर नही समझ में आता।

मार्क्स का भौतिकवाद हो या फ्रांस का लेसेज फेयर यानी उसे अकेला छोड़ दो वाली बात या सिमोन डी बोउवार द्वारा चुराए गए लैंगिक विमर्श, सब के सब पाखंडों में लिपटे हुए हैं पर मजाल क्या कि प्रगतिशीलता के ठेकेदारी का स्वांग भरने वाले लोग उससे एक इंच मात्र भी इधर उधर हो जाएं। पूँजीवाद की दलाली करते इन वामपंथियों के अंदर उबलती घृणा को देखकर एक बार शैतान को भी शर्म आ जाए पर घृणा ही वामियों की सकल पूँजी है। ये समस्त विश्व को घृणा में ही उबालना चाहते हैं, जॉम्बी बनाना चाहते हैं।

वामपंथियों खासतौर से भारतीय कन्वर्टेड वामियों की सबसे बड़ी दिक्कत किसी उत्सव, त्यौहार के अवसर पर होती है। यदि कोई आपदा आ गयी, कहीं अकाल पड़ गया, भारत कहीं पिछड़ गया या देश का माथा किसी वजह से झुक गया तो वह अवसर इनके लिए उत्सव होता है। ये गिद्ध, श्वान, और सियारों की तरह हुआँ हुआँ भौंकते उछल उछल कर एक दूसरे को छातीफाड़ बधाई देंगे, किंतु भारत के लिए कोई ऐसा अवसर जो गर्व का हो, उल्लास का हो, उस पर इनका रुदन ऐसे होता है जैसे कोई कुत्ता दिन में रोता हो।

वामियों के श्वान रोदन के पीछे एक अद्भुत कारक है। प्रतीकात्मक भाषा में कहें तो ये मनुष्य ही नही हैं, हर समय किसी कब्र या मरघट की तलाश में रहने वाले इन लोगों का मस्तिष्क सिर में नही बल्कि कमर के नीचे होता है, ये मुंह से मल विसर्जन करते हैं। इनके पास से इतनी तीक्ष्ण बदबू आती है कि दो मिनट आपका ठहरना मुश्किल हो जाता है जिसका फायदा ये आपको पलायित करने में करते हैं। इसी बदबू का प्रसार ये भारत

के हर कोने में करना चाहते हैं। इनके नेत्र मस्तक की बजाय नितंबों पर लगे होते ताकि उल्टे चलने में आसानी हो।

इन्हें पहचानने का एक और सटीक तरीका है, सुट्टा मारते हुए दीवाली पर पटाखे के विरुद्ध चर्चा करेंगे, बीफ खाते हुए बुद्ध की करुणा को याद करेंगे और लाखों बकरों को हलाल करते हुए होली पर पानी बचाने की नसीहत देंगे। धान को गेंहू बताकर अपने को किसान दा पुत्तर कहेंगे। एयर कंडीशन में बैठकर पर्यावरण बचाएंगे और कौन जात हो पूछकर जाति तोड़क समाज बनाएंगे। मेडल लाएगा भारत ये गुणगान करेंगे पड़ोसी देश का।

राष्ट्र की हर सफलता इनके सीने में बरछी है, भारत का शक्तिशाली होना इनके लिए स्वयं संतानहीन हो जाने जैसा लगता है।

29

न्यासिता का सिद्धांत: सतत विकास के लिए भविष्य का एकमात्र विकल्प

ॐ ईशा वास्यमिदम् सर्वं यत्किञ्च जगत्यां जगत्।
तेन त्यक्तेन भुञ्जीथा मा गृधः कस्यस्विद्धनम्।।

प्रधानमंत्री नरेंद्र मोदी अमेरिका यात्रा पर थे, उस दौरान अमेरिकी राष्ट्रपति ने महात्मा गांधी की चर्चा की। लेफ्ट लिबरल को महात्मा गाँधी के समावेशी विचार अपने नरेटिव के बहुत अनुकूल लगते हैं। जैसे ही राष्ट्रपति बिडेन ने गांधी का उल्लेख किया, प्रधानमंत्री मोदी ने महात्मा गांधी जी की न्यासिता का उल्लेख करते हुए ईशोपनिषद के प्रथम श्लोक के अर्थ के सहारे कहा कि वर्तमान विश्व को संकट से उबारने के लिए न्यासित का सिद्धांत बहुत उपयोगी है। इस श्लोक का अर्थ है, 'इस जगत में जो भी जीवन है, वह ईश्वर का बनाया हुआ है इसलिए ईश्वर के नाम से त्याग करके तू यथा प्राप्त भोग किया कर। किसी के धन की वासना न कर।' व्यक्ति को आवश्यकता पूर्ति के बाद, शेष संपत्ति का प्रबंध एक ट्रस्टी अथवा न्यासी की तरह समाज कल्याण के लिए करना चाहिए। उसके अंदर मालिकाना भाव नहीं आना चाहिए बल्कि संपत्ति समाज की है इस भाव से वह सम्पत्ति का उपयोग करे तो एक बेहतर समाज का निर्माण संभव हो सकता है

महात्मा गाँधी ने सतत विकास को सर्वोदय की उस अवधारणा में समाहित किया जो उपनिषदों का निचोड़ है और जो मानव की आधारभूत जरूरतें पूरा करता है। सर्वोदय की दार्शनिक अवधारणा में सर्वभूतहितेरता का भारतीय विचार बीज शब्द है। औद्योगिक क्रांति और यूरोपीय जागरण से मानव के जीवन और जीने के दृष्टिकोण में आमूल-चूल परिवर्तन आया। पारंपरिक संरक्षणवादी विचारों की जगह घोर उपभोगवाद हावी हो गया। धरती को भौतिक और निर्जीव वस्तु मानकर संसाधनों के शोषण की अंतहीन प्रक्रिया शुरू हो गयी। शोषण करने के अधिकार को लेकर दुनिया दो हिस्सों में बंट गयी। एक तरफ पूँजीवाद और दूसरी तरफ वामपंथ, दोनों के पाट में पिसती दुनिया को महात्मा गांधी ने 1903 में दक्षिण अफ्रीका से ट्रस्टीशिप यानी न्यासिता का सिद्धांत दिया। महात्मा गांधी कहते थे कि यह धरती सबके पेट भर सकती है पर किसी एक व्यक्ति के लालच को कभी पूरा नहीं कर सकती।

क्रूर उपभोक्तावाद और हिंसा पर आधारित वर्तमान विश्व व्यवस्था मानव सभ्यता को विनाश की ओर ले जायेगी अतः विश्व को चिर स्थायित्व प्रदान करने के लिए न्याय के सिद्धांतों पर आधारित एक वैकल्पिक व्यवस्था का निर्माण करना होगा। यंग इंडिया में महात्मा गाँधी लिखते हैं कि बिना मेहनत के संपत्ति, बिना अंतरात्मा के सुख, बिना विचारधारा के ज्ञान, बिना नैतिकता के व्यापार, बिना मानवता के विज्ञान, बिना त्याग के पूजा, और बिना सिद्धांत के राजनीति व्यर्थ है।

महात्मा गांधी के इस सिद्धांत का उपयोग आचार्य विनोबा भावे ने आजादी के तुरंत बाद भू-दान आंदोलन में किया, जो काफी हद तक सफल भी रहा स्वयं गांधीजी ने इसका उपयोग 1918 में अहमदाबाद के कपड़ा मिलों के मिल मालिकों एवं मजदूरों के बीच हुए विवाद के समाधान के लिए किया।

वर्तमान में न्यासिता सिद्धांत का अनुप्रयोग प्रधानमन्त्री नरेंद्र मोदी ने किया जब वह घरेलू सिलेंडर पर दी जाने वाली सब्सिडी को सामर्थ्यवान लोगों से त्यागने की बात करते हैं। उनकी यह अपील काफी असरकारी रही है। उस पैसे का प्रयोग गरीबी रेखा के नीचे रहने वाली महिलाओं को मुफ्त सिलेंडर देने में किया गया और इस प्रकार संसाधनों का वितरण सद्भावपूर्वक और न्यायोचित तरीके से किया गया।

न्यासिता का सिद्धांत मानवता को बताता है कि जीवन को किसी मास्क या किसी क्रान्ति की आवश्यकता नही है, उसे सरल तरीके से जिया जा सकता है। स्वाभाविक संरचनाओं को नष्ट कर एक विशेष संरचना का निर्माण व उसका प्रसार साम्राज्यवाद है, वामपंथी इस साम्रज्यवाद को सामाजिक न्याय के मास्क में छिपा लेते हैं जबकि न्यासिता में मालिकाना भाव की कोई जगह ही नहीं है बल्कि यह तो अभिभावक के तौर पर संसाधनों का संरक्षण करता है। 'त्वदीयं वस्तु गोविन्दम् तुभ्यमेव समर्पये' अर्थात सब तेरा दिया हुआ है और सब तुझको समर्पित करता हूँ. यही समाज कल्याण और सुव्यवस्था का सार है।

30

इति सिद्धम्:

किसी वंचना या समस्या के आधार पर उत्पन्न वैयक्तिक अथवा सामाजिक अशांति उस समस्या के समाप्त होते ही स्वयमेव ही ख़त्म हो जाती है लेकिन विचारधारा के आधार पर उत्पन्न अशांति कभी समाप्त नहीं होती है क्योंकि अशांति के समापन का अर्थ है विचारधारा का समापन जो वामपंथी कभी नहीं चाहेंगे इसलिए संसार के वे सभी देश जहाँ वामपंथी सरकारें रहीं वहां पर शोषण, दरिद्रता, संघर्ष और ऊँच नीच का भाव कभी समाप्त नहीं हुआ।

समाज के सतत विकास और सौहार्द्र के लिए सामूहिक स्तर पर समझ, सम्बन्ध और संसाधनों की व्यवस्था अनिवार्य होती है। वामपंथ समझ और सम्बन्ध को कुंठित कर संसाधनों पर एक वर्ग के कब्जे की बात करता है जिसके कारण समाज में घोर असंतुलन पैदा हो जाता है। यही असंतुलन वामपंथी क्रान्ति का हासिल है। ऐसे में वामपंथ दुनिया के लिए परमाणु बम जितना खतरनाक होकर सामने आता है।

तमाम आंकड़ों और संदर्भों से यह सिद्ध होता है कि वामपंथी व्यवस्था विश्वयुद्धों से भी अधिक घातक है बावजूद इसके वामपंथ का अस्तित्व बना हुआ है। इसके कारक के रूप में दो बातें महत्वपूर्ण हैं, पहला यह है कि वामपंथ लगातार अपनी विचारधारा के प्रसार हेतु काम करता रहता है और दूसरा यह कि वामपंथ सांगठनिक स्तर पर उतर कर संरचनाओं को बदलने में लगा रहता है।

जैसा कि पहले भी कहा गया है वामपंथ एक ऑक्टोपस के जैसा है। जिस तरह ऑक्टोपस अपने शिकार को आठ भुजाओं में जकड़ लेता है उसी तरह वामपंथ भी करता है। ऑक्टोपस की जकड़ से शिकार का छूटना

आसान नहीं होता, अगर उसकी एक भुजा से छुटकारा पा भी ले तो जब तक अंतिम से छूटे, पहली फिर से अपनी पकड़ बना लेती है। यही हाल वामपंथ की जकड़न में फँसे समाज का होता है। भारत के संदर्भ में पत्रकारिता, नौकरशाही, राजनीतिज्ञ, न्याय व्यवस्था (अधिवक्ता और न्यायकर्ता दोनों), मनोरंजन उद्योग, अकादमिक जगत, समाज सेवा, यह आठ भुजाएँ है वामपंथ की। इनमें से हर एक दूसरे के लिए सीढ़ी का काम करती है और ढाल का काम भी करती है।

बरसों का फैला हुआ मकड़जाल है, इसका टूटना जरूरी है, इसके लिए इनके पनपने की हर परिस्थति का उन्मूलन होना चाहिए साथ ही यह भी सुनिश्चित होना चाहिए कि वामपंथियों का एक मकड़जाल टूट के दूसरा मकड़जाल न बन जाए। चूँकि ये जल्दी- जल्दी अपना आधार बदलते हैं तो बहुत संयम और धैर्यपूर्वक इनके पैटर्न का अवलोकन कर उसी के हिसाब से रणनीति बनाई जाय। कुतर्क और क्रूरता के सहारे पलने वाली वामपंथी विचारधारा से भारत ही नहीं बल्कि सम्पूर्ण विश्व जितनी जल्दी पीछा छुडा ले उतना ही मनुष्य जाति के लिए बेहतर होगा।

संदर्भ

1. पुखराज जैन : राजनीति विज्ञान, साहित्य भवन 2020
2. वोल्टेयर : लेटर्स ऑन द इंग्लिश, बासेल 1733
3. आर जे रुमेल : डेथ बाय गवर्नमेंट, न्यू ब्रुन्सविक एन डी टी पब्लिशर 1994
4. वही
5. रोबर्ट एल बेंसोन: द वेनोवा स्टोरी, क्रेटेस्पेस 2012
6. वाल्टर एडोमसन: हेजेमनी एंड रेवोलुशन, यूनिवर्सिटी ऑफ़ कैलिफ़ोर्निया प्रेस 1980
7. वही
8. हर्बर्ट मार्क्यूज: काउंटर – रेवोलुशन एंड रिवोल्ट, बीकन प्रेस 1972
9. एडगर स्नो: रेड स्टार ओवर चाइना, रैंडम हाउस 1937
10. समन्वय नंद: पुलित्जर पुरस्कार भारत विरोधी षड्यंत्र और राजनीति, अमर उजाला 9 मई 2020
11. अरविन्द अडिगा: द वाइट टाइगर्स एच पी 2008
12. यूरी बेजमेनेव: सोवियत सबवर्सन ऑफ़ द फ्री वर्ल्ड प्रेस, 1984, फ्रॉम यू ट्यूब 2020
13. मोहित तंवर: दैनिक जागरण वेब 13 जनवरी 2016
14. आजतक, 30 सितम्बर 2013
15. जोशुआप्रोजेक्ट डॉट नेट
16. प्रमोद रंजन एवं गेल ओम्वेट: महिषासुर एक जननायक, द मर्जिनालाइज्ड पब्लिकेशन, 2017
17. मनुस्मृति, 6.92

18. आशा त्रिपाठी: रामायण में राजनीति, सरस्वती प्रकाशन, कानपुर 2017
19. वही
20. मनीष ठाकुर: पत्रकारिता का काला अध्याय, गरुड़ पब्लिकेशन 2023
21. वही
22. वही
23. वही
24. अनिरुद्ध जोशी: वेब दुनिया
25. प्रसन्ना देशपांडे: डिसइंडियानाइजिंग इंडियंस, आई पी एफ 2016

लेखक के बारे में

डॉ. पवन विजय मूलत: समाज के अध्येता हैं, जो अपने उत्तर आधुनिक विमर्श के लिए जाने जाते हैं। समाज की मुख्यधारा के अलावा विशेष रूप से हाशिये पर खड़े लोगों की भावनाओं, मनोविज्ञान, उपलब्धि और वंचनाओं का प्रकार्यात्मक विश्लेषण डॉ. विजय के साहित्य की प्रमुख विशेषता है। एक साथ कई आयामों पर काम करना डॉ. विजय की विशेषता है, वह साहित्यकार होने के साथ-साथ समाजशास्त्री, स्तंभकार, सामजिक कार्यकर्ता और शिक्षाविद हैं।

'वर्तमान समय में जब विश्व की शक्तियां वैचारिक संघर्षों को धरातल पर लाकर निर्दोष लोगों के साथ जबरदस्ती अपने तौर तरीके मानने को बाध्य कर रहीं हैं तो उनके द्वारा संचालित घटनाओं के पीछे के कारकों को जानना लाजिमी हो जाता है, पवन विजय द्वारा लिखित इस पुस्तक में विचारों के विभिन्न आयामों विशेषकर मार्क्स के वैचारिक मसौदे का अध्ययन है जिससे नवीन निष्कर्ष और बहस की गुंजाइश बनेगी'।

——— **आचार्य मनोज दीक्षित**, *कुलपति, महाराज गंगासिंह विश्वविद्यालय*

'डॉ पवन विजय प्रसिद्ध समाजशास्त्री हैं इनकी लिखी हुई पुस्तकें विश्वविद्यालयों में पढ़ाई जाती हैं, यह न केवल सिद्धांत गढ़ते हैं बल्कि उसे कार्यान्वित भी करते हैं। झारखंड के आदिवासी समाज के लिए इन्होंने बहुत कार्य किया है, उनकी यह पुस्तक सांस्कृतिक मार्क्सवाद के षडयंत्रों को उजागर करने में बहुत मददगार साबित होगी'।

——— **कलेश्वर भगत**, *आदिवासी पुरोहित, पाहन समुदाय*

'वामपंथ की विषैली, लोकतंत्र विरोधी, संस्कृति विरोधी सोच के दुष्परिणामों पर बहुत सी पुस्तकें लिखी गई हैं, लेकिन डॉ. पवन विजय की यह पुस्तक कई मायने में अनूठी है। वामपंथ ने कैसे भ्रम को ही अपना सबसे बड़ा हथियार बना रखा है और इसके जरिये नौजवानों को संस्कार और संस्कृति से कैसे अलग कर रहे हैं, इसकी पहचान पुस्तक में अच्छे से कराई गई है। डॉ. पवन विजय ने आसानी से समझ आने वाली शब्दावली का उपयोग किया है, इससे प्रगतिशीलता, आधुनिकता, स्वतंत्रता के नाम पर वामपंथ का फैलाया भ्रम तोड़ने में आसानी होगी'।

——— **हर्षवर्धन त्रिपाठी**, *वरिष्ठ पत्रकार*

'डॉ. पवन विजय एक प्रामाणिक समाजशास्त्री और एक सृजनशील लेखक हैं। संवाद और समझ के विकास पर आधारित उनका प्रथम उपन्यास एक 'बेस्ट सेलर' रहा है। विजय का मुख्य विषय है कि किस प्रकार मार्क्सवाद अपनी अनेक सफलताओं, असफलताओं और उत्परिवर्तन से होते हुए अराजकता की वैधता का उपकरण बन गया है। वर्तमान कृति में डॉ.पवन विजय ने उन तमाम प्रत्ययों की चर्चा की है जो अस्तित्व में समान हैं किन्तु उनपर विभिन्न परिप्रेक्ष्यों के लेंस लगे होने से समानता को आगे बढ़ाने में बाधा आ रही है'।

——— **प्रो. अरुण कुमार**, *आई. आई. टी. कानपुर*

'समाज के अंतिम व्यक्ति की आवश्यकता और उसके भाव को समझना कठिन काम होता है। डॉ. पवन विजय ने अपने पूर्व लेखन में यह कार्य बखूबी किया है। यह पुस्तक मुखौटे के समाजशास्त्र का दस्तावेज है जो छल षड्यंत्र और उनकी एजेंसियों को उद्घाटित करती है'।

——— **अमिताभ अग्निहोत्री**, *कंसल्टिंग एडिटर, टीवी 9 उत्तर प्रदेश/उत्तराखंड*

'मैंने डॉ. पवन विजय को खूब पढ़ा है, वह समाज में हारमनी स्थापित करने वाले विषय में रूचि रखते हैं ना कि हेजेमनी। हेजेमनी यानी की चर्चा मास्क मैनिफेस्टो में की गयी है। बहुत ही सरल भाषा में लिखी गयी यह पुस्तक पाठकों की समझ बढ़ाएगी'।

——— **संतोष यादव**, *रांची विश्वविद्यालय*

Non-Fiction | ₹299

ISBN 978-93-65476-59-0

9 789365 476590

ink | OCCAM

bluoneink
bluoneink
bluone.ink
www.bluone.ink

Cover design by Syed Dilshad Ali
Cover images © freepik.com